跆拳道运动教学及运动损伤防治

张惠欣　牛良才　著

北京工业大学出版社

图书在版编目（CIP）数据

跆拳道运动教学及运动损伤防治 / 张惠欣，牛良才
著 . — 北京 ：北京工业大学出版社，2021.7
ISBN 978-7-5639-8036-9

Ⅰ ．①跆… Ⅱ ．①张… ②牛… Ⅲ ．①跆拳道－运动
训练－教学研究②跆拳道－运动性疾病－损伤－防治
Ⅳ ．① G886.9 ② R873

中国版本图书馆 CIP 数据核字（2021）第 132863 号

跆拳道运动教学及运动损伤防治

TAIQUANDAO YUNDONG JIAOXUE JI YUNDONG SUNSHANG FANGZHI

著　　者：张惠欣　牛良才
责任编辑：邓梅菡
封面设计：知更壹点
出版发行：北京工业大学出版社
　　　　　（北京市朝阳区平乐园 100 号　邮编：100124）
　　　　　010-67391722（传真）　bgdcbs@sina.com
经销单位：全国各地新华书店
承印单位：涿州汇美亿浓印刷有限公司
开　　本：710 毫米 ×1000 毫米　1/16
印　　张：12
字　　数：240 千字
版　　次：2022 年 10 月第 1 版
印　　次：2022 年 10 月第 1 次印刷
标准书号：ISBN 978-7-5639-8036-9
定　　价：60.00 元

前　言

近年来，跆拳道运动在我国获得了长足发展。跆拳道作为奥运会的正式比赛项目，在日常生活中已成为一项集健身、防身、修身为一体的时尚体育运动，并且以其浓厚的东方传统文化意蕴感染着众多的练习者。但在跆拳道运动学习中仍存在一些薄弱环节，使得练习者不能迅速提高自己的竞技水平。

本书针对跆拳道运动教学过程中的一些特点，全面系统地介绍了跆拳道中技战术的训练环节，以及跆拳道教学的内容与方法，并介绍了与跆拳道相关的运动损伤及防治知识，具有较强的针对性和实用价值。

本书共八章。第一章为绪论，主要包括跆拳道运动的起源和发展历史、跆拳道运动的特点、跆拳道运动的竞技规则、中国跆拳道运动发展的现状与问题、跆拳道运动的价值分析等方面的内容。第二章为跆拳道运动教学的主要内容，主要包括跆拳道运动教学的技术特点、跆拳道运动教学的基本原则、中国传统文化与跆拳道运动教学相结合、跆拳道运动教学阶段及品势特征、跆拳道运动教学详细案例分析等方面的内容。第三章为跆拳道运动教学与训练方法，主要包括跆拳道运动教学的主要方法、跆拳道运动训练的主要方法、跆拳道运动技战术内容及主流技战术、新规则下跆拳道运动的技战术要求、我国跆拳道运动技战术研究成果分析等方面的内容。第四章为高校教学与跆拳道运动教学的融合，主要包括高校教学与跆拳道运动教学融合的积极意义、高校跆拳道运动教学的主要内容、高校跆拳道运动教学效果提升策略、高校跆拳道运动教学的主要作用、高校跆拳道运动教学存在的问题及对策等方面的内容。第五章为跆拳道运动损伤及防治办法，主要包括跆拳道运动损伤基本情况、跆拳道运动发生损伤的主要原因、跆拳道运动常见损伤部位及分析、预防跆拳道运动发生损伤的措施等方面的内容。第六章为基于课程资源的跆拳道运动教学方法创新，主要包括课程资源的基本内涵、教学方法的基本内涵、跆拳道课程资源分析、课程资源发展影响下的跆拳道运动教学方法创新等方面的内容。第七章为多媒体技术在跆拳道教学中的应用，主要包括多媒体技术的现状与发展趋势、多媒体技术的优势与问题、跆拳道运动教学与多媒体技术融合探索、多媒体技术在跆拳道运动教学中的具体应用等方面的内容。第八章为"三生教育"理念对跆拳道运动教学的影响，主要包括"三生教育"的概念及研究综述、"三生教育"

的发展现状与特征、"三生教育"融入跆拳道运动教学的理论构建、"三生教育"与跆拳道运动教学融合发展路径等方面的内容。

笔者在写作过程中，参考了大量的文献，在此向涉及的作者表示衷心的谢意和敬意。限于笔者水平，书中难免存在疏漏之处，敬请广大读者朋友批评指正。

目　录

第一章 绪 论

第一节 跆拳道运动的起源和发展历史

一、跆拳道含义

跆拳道是一项源于朝鲜半岛的古老而又新颖的竞技体育运动，是朝鲜民族在生产和生活基础上发展起来的一项运用手、脚技术和身体能力进行自身修炼和搏击格斗的传统体育项目。说它古老，是因为它已有 3000 多年的历史；说它新颖是因为跆拳道自 20 世纪 50 年代中期在朝鲜半岛重新崛起以来，不断向世界传播，已经风靡全球，成为一项新颖的竞技体育项目。跆拳道的内容十分丰富，但主要包括品势修炼（动作组合）、搏击格斗和功力检验三大部分。

跆拳道的"跆"字，意为像台风一样猛烈地、强劲地跳踢的"脚"；"拳"字意为拳头，是用来进攻的武器；"道"是指人生的正确道路，在这里寓意使用手脚的方法和原理。跆拳道运动要求练习者不仅学习跆拳道的技术，更注重对跆拳道礼仪、道德修养的学习和遵从，每一次练习都要求"以礼始，以礼终"，培养练习者忍耐、谦虚和坚韧不拔的精神，这对青少年尤其具有特殊的教育意义。

二、原始社会的跆拳道雏形

跆拳道源于原始社会人类的生产活动中，并受部落战争、宗教祭祀、教育娱乐等影响，同时与古代军事技术相关。

在原始时代，社会生产力极其低下，人类生存环境极其恶劣，人们为了生存的需要和出于保存自己、延续种族的本能，必须与自然环境和飞禽猛兽搏斗，这就迫使人类既要依靠集体的力量来抵御猛兽的袭击，又要发挥个人的顽强斗

1

志和强悍的体魄来积极自卫。同时，原始部落之间的战争也促使生产技能向军事技能转化。因此，在这种历史背景下，人人都是战士与猎手。在人与人、人与兽的搏斗过程中，徒手的搏斗和器械的击刺活动便自然地产生了。原始人类不断积累的攻防格斗技能，经过一定的选择和提炼，逐渐发展形成了搏斗的技巧和比较规范的动作，具有一定层次、一定节奏，结构相对稳定的徒手与器械的动作组合，并在实际操作过程中，逐渐产生了自觉地合理运用这些技巧的组合，具备了武艺的某些特征，为跆拳道的发展奠定了基础。

在古代朝鲜的原始社会后期，随着社会生产力的发展，私有制的萌发，剩余生产物质的出现，在氏族部落中产生了族长或首领占有和继承剩余物质的制度，造成了氏族内部的贫富差距，将原始氏族公社制度引向崩溃，阶级便产生了。随之，爆发了为争夺奴隶和领土的氏族部落之间的战争。由于战争的需要，大量的生产工具转化为相互厮杀的武器，生产技能也随之转化为军事技能。同时也渐渐使军事格斗技能更为专门化，形成了独立的技术领域，对后来跆拳道的形成、发展、完善产生了深刻的影响。

此外，朝鲜半岛跆拳道的渊源也与宗教祭祀、教育娱乐紧密相关。原始宗教的主要形式——巫术与图腾崇拜常常凭借原始的武舞来体现。在古代朝鲜半岛进入农耕时代后，崇拜祖先，崇拜天神、太阳、山岳、树木、江河、动物等原始信仰逐渐形成。每年五月下种，十月秋收之后，广大民众群聚起来祭祀天地神灵也形成定制。各部族的祭礼相似而名称各异，如扶余的"东盟"、马韩的"十月祭"、高句丽的"舞天"、新罗的"伽俳"等都是祭祀天地神灵大会的称谓。其与古希腊奥林匹亚祭礼相似，在祭礼之后都要进行各种技艺的表演和竞技，向天地神灵表示敬意，欢庆丰收并祈求来年风调雨顺、平安吉祥。同时此类活动还兼有教育的作用，主要体现在向年轻一代传授各种生产与军事技能；通过这类活动来选拔武士和氏族部落新的领导人。作为萌芽状态中的武艺，自然是角逐的主要项目之一。在这种环境下，原始的武艺逐步发展完善，形成了一种融知识、技能、身体训练和习惯培养等为一体的多功能活动，这就促使了跆拳道雏形的形成。

三、朝鲜半岛三国时代的跆拳道

大约在公元前一世纪，朝鲜半岛有三个国家（新罗、高句丽、百济）相继兴起，其中新罗在朝鲜半岛东南部，高句丽在朝鲜半岛北部，百济在朝鲜半岛西南部，为了争夺领土，三国之间战争不断，纷争四起，因此这个时期跆拳道迅速发展，以适应战争的需要。据古书记载："跆拳意指使用脚和手，磨炼四肢和身体的灵活用法,是武艺的基础。""剑术以空手击倒对方的'手术'为基础。"可以看出,当时的练武之人在使刀、剑之前就已经熟练地掌握了跆拳道。

目前对高句丽王朝的考古发掘可知:跆拳道(雏形)在高句丽时代就已相当普及,成为广大民众茶余饭后、喜庆节日休闲娱乐的主要活动内容,与日常生活密不可分。从中国吉林省集安市发掘出土的高句丽古墓中,发现在其中的三室冢第三室西壁上绘有武士徒手练武图,舞踊冢玄室和主室的顶部均绘有武士徒手对抗的练武图,还有角抵冢中的角抵壁画,既有个人的单练,也有两人的对练。

百济是当时三国中实力最弱的国家,出于保卫国家不受外来势力侵略的目的,同时也从吞并邻近小国的需要出发,必须拥有强大的常备武力。因此,百济历代国王都很推崇武艺,重视培养、训练武士,并且百济民间百姓也深爱骑马、射箭和"便战戏"等具有武艺内容的娱乐活动。据《三国史记》中记载:每年九月在百济都城都要举行弓射大会,进行骑马、射箭、跆跟(原始跆拳道)等武艺的比赛,特别是"便战戏"这种集竞技、观赏、娱乐于一体的比赛形式,深受百济民众的喜爱,可以认定它是现代跆拳道的一种雏形。另据《海东韵记》中记载:类似手搏的"手癖(臂)打",这种技法,在当时百济的军队与民间都很盛行,用于训练和娱乐。

公元688年,新罗王国统一了朝鲜,经济繁荣,百业兴旺,建立了一种"花郎制度"。到真兴王时,便创立了"花郎道"。花郎道又称国仙道、风月道、源花道、风流道,是由当时封建贵族子弟中品貌端庄者组成的准武士团体。其主要宗旨是对青少年进行道德伦理、忠君爱国的教育,培养能够为封建统治阶级服务的文武兼备的官吏。据申采诰《朝鲜上古史》记载:国仙花郎的选拔,要在祭坛前进行手搏、击剑、射箭、骑马等武艺以及典籍、学识的考试,优秀者方能入选。平时"或相磨以道义,或相悦以歌乐,游娱山水,无远不至",战时以身殉国、杀身成仁,正是他们生活的真实写照。他们经常利用各种聚会相互切磋、磨炼武艺,弘扬武士精神。新罗圆光法师为花郎道制定的"事君以忠、事亲以孝、交友以信、临战无退、杀生有择"的"世俗五戒"为其宗旨,同时也是"花郎道"武士的精神所在。从此中可以看到中国的儒、佛思想对朝鲜半岛文化的深刻影响,直至今天,跆拳道的精神也是与之一脉相承的。

四、高丽时代的跆拳道

公元918年高丽国建立。由于长期受到来自北方蒙古、女真、契丹等外来民族的侵扰和出于对其邻近小国进行武力征伐的需要,高丽历代国王都十分重视军队的建设，特别注重士兵与民众的武艺训练，使"手搏"得到了很大发展。根据《高丽史》中关于"手搏"的记载，这一时期手搏的发展具有以下几个特点。

（1）手搏作为军事武艺，文臣武将都要经常习练，善手搏者都会得到赏赐或加官晋爵；不善手搏者往往会遭到歧视和同僚的讥讽、污辱。如此情景，使得手搏在官员中普遍开展，得以盛行。上行下效，作为进身之阶，它极大地鼓励了广大士兵和民众踊跃参与手搏的训练与竞技，使之成为高丽人民十分喜爱的竞技运动形式之一。

（2）历代国王均重视手搏的训练。例如，高丽肃宗创建了一个号称"别武班"的军事组织，包括神骑军、神步军和所谓的"降魔军"，其中大多数都是手搏（跆拳道）的高手。再如，忠惠王本人十分喜爱手搏，便要求他的军队特别是"禁卫军"，必须进行具有跆拳道特点的"手搏"竞技运动练习，士兵们常用拳、掌、脚等身体部位击打墙壁、木块和砖瓦，以磨炼、提高上下肢及其他身体部位的攻击能力。同时，高丽历代国王都经常观看手搏表演，对获胜者赏赐财物，对手搏运动起到了极大的推动作用。在此期间还出现了"五兵手搏戏"的集体对练的表演形式，使手搏具备了一定的娱乐观赏内容和价值，如忠惠王邀请武艺超群的士兵金振郁到宫中表演手搏技艺，在朝野上下极力推崇手搏技艺，使之声名大振，受到广大民众的喜爱和追捧。

（3）在此期间，手搏的威力大为提高，达到能够置人于死地的程度。《高丽史》中就有明确的记载："李义民击椽、椽动""杜景升击壁、壁穿"和"李义民击人脊柱、人死"等，展现了手搏技艺的威武刚猛和高超技巧。

纵观高丽历史，可以说是手搏（跆拳道）发展的鼎盛时期，使其得到进一步的完善，并逐渐走向成熟。

五、朝鲜李氏王朝的跆拳道

1392 年，高丽王朝被朝鲜李氏王朝取代。朝鲜李氏王朝，将首都由开京迁到汉阳（现在的首尔）。从此朝鲜进入了一个封建统治制度更加完善、经济和文化显著发展的历史时期。

朝鲜李氏王朝由于崇儒排佛，重文轻武。这一时期跆拳道没有得到官方的重视，军事武艺及跆拳道的发展失去了高丽时期的良好条件。但在民间却始终没有停止过"手搏""跆跟"这些跆拳道的初始技艺的活动。从《朝鲜王朝实录》和《东国舆地胜览》等文献的记载中可知：一方面"手搏"与"跆跟"这类活动在民间开展得非常广泛、普及；另一方面官方对跆拳道活动的各类文字记载却极少。实际上，在整个李氏王朝的中、后期，手搏已经成为娱乐游戏性的民俗活动形式之一，具备了一定的观赏价值。特别是火药在军事领域中的广泛运用，标志着冷兵器时代的结束。作为徒手技击术的手搏、跆跟等，自然在时代面前转变了其自身原有的价值取向，健身、娱乐、自卫等功能是其必然的选择。

然而，跆拳道作为一种武艺，又是广大民众深爱的民族传统竞技体育活动，它既具有明显的提高体能与战斗技能的作用，同时也是培养人们勇猛顽强作风及爱国主义精神的有效手段与途径。因此，在那样一个时代，无论统治者重视与否，广大民众和武士们仍然把手搏、跆跟作为自卫术和基本武艺，从事严格的训练，并在抗击日本倭寇、保家卫国的战斗中充分展现出来。同时国家在选取武士时仍把它作为重要的测试项目之一。

六、近代跆拳道

朝鲜李氏王朝末期，国内阶级矛盾不断激化，农民起义风起云涌，代表先进官僚阶层的开化派在朝鲜半岛进行了资产阶级革命的尝试。与此同时，外来势力特别是日本帝国主义对朝鲜半岛虎视眈眈，处于内外交困的李氏王朝面临着巨大的危机。1910 年，日本占领朝鲜，开始对其进行殖民统治。在殖民时期，日本在朝鲜实行"武断政治"，为推行殖民政策，一度下令禁止所有的朝鲜文化活动，特别是对广大民众习练军事武艺和进行某些民俗活动又恨又怕，跆拳道的发展也因此受挫而转入民间秘密发展。其传承只能在父子、师徒中隐蔽地传播与相授。在此期间，大量的朝鲜人被迫背井离乡，流浪到中国、日本及世界各地，其中不乏一些身怀绝技的跆拳道高手。他们将中国的武术、日本的空手道等各国的武艺与跆拳道技艺糅合在一起，从而使跆拳道技法、技巧、技能得到了充实与发展，逐渐形成了跆拳道新的技术体系。

七、走向世界的跆拳道

1955 年 4 月 11 日，由韩国各界著名人士组成的名称制定委员会，包括崔泓熙少将、李亨根陆军大将、国会副议长、国会议员、著名企业家，著名武馆馆长等都对跆拳道的命名提出了各自的方案。通过无记名的投票，一致通过了崔泓熙将军提出的"跆拳"方案。由此，产生了"跆拳道"。从此，结束了唐手、空手及各种朝鲜古典武道等名称混杂的局面，朝鲜的武道开创了新世界。

1961 年 9 月韩国成立了唐手道协会，后更名为跆拳道协会，跆拳道开始成为韩国运动会正式竞赛项目。

1966 年，国际跆拳道联盟（简称 ITF）成立，崔泓熙被选为主席。

1972 年，国际跆拳道联盟总部迁到加拿大的多伦多。

1973 年 5 月，世界跆拳道联盟（WTF，简称"世台联"）成立，金云龙任主席。

1975 年，世界跆拳道联盟被接纳为国际体育联盟正式会员。

1980 年，国际奥委会正式承认了世界跆拳道联盟。

1988 年，汉城奥运会时将跆拳道列为示范比赛项目。

1992 年的巴塞罗那奥运会跆拳道开始被列为试验比赛项目。

2000 年的悉尼奥运会跆拳道成为奥运正式比赛项目。

八、我国的跆拳道

1989 年，韩国世界跆拳道联盟首次在北京举行跆拳道培训班，WTF 跆拳道首次作为竞技体育被介绍到中国。

1992 年 10 月 7 日，中国跆拳道筹备小组成立。

1995 年 5 月，共有 22 个单位 250 多名运动员参加了在北京体育大学举行的第一届全国跆拳道锦标赛，从此，跆拳道运动在中国迅速发展起来。

1995 年 8 月，中国跆拳道协会正式成立，魏纪中当选为第一任协会主席。

1995 年 11 月，中国跆拳道协会被世界跆拳道联盟（WTF）接纳为正式会员。

第二节　跆拳道运动的特点

跆拳道是朝鲜民族的传统竞技体育项目，具有鲜明的特点。

一、手脚并用，以腿为主

跆拳道是以腿法为主的搏击对抗性项目，腿法占所有技法的比例高达 70% 以上。跆拳道理论认为，在人体四肢中，腿的力量远大于手及上臂的力量，而且腿法攻击路线长、威力大，还能使自己易遭受攻击的部位如头、躯干远离对手的攻击范围。同时，跆拳道的竞赛规则也积极倡导和鼓励使用腿法（如限制拳法的使用种类和攻击部位），腿法是跆拳道竞赛最主要的得分手段与方法。因此，跆拳道以其灵活多变、丰富精妙的腿法著称于世。

二、直来直往，以刚制刚

在跆拳道比赛中，选手极少采用闪躲的防守方法，多以拳、掌、臂格挡防守，以刚制刚，直接接触，方法简练硬朗。选手进攻或反击时，多采用直线的连续攻击，以快速连贯的腿法组合击打对手，注重击打的实效性，令人防不胜防。

三、功力测试，方法独特

跆拳道理论认为，经过训练，人体四肢所发挥的威力是巨大的，令人生畏，因此，不能直接运用到竞技比赛中或以人体为测试对象，只能用那些没有生命的物体，如木板、砖瓦、石块来作目标，以检验修炼者的功力程度。功力测试是跆拳道训练、晋级考试、表演、比赛的一个重要内容，是其固有的特点之一。

四、发声扬威，以气催力

在跆拳道运动中，无论是品势练习，还是训练比赛，都要求修炼者具有威武磅礴的气势。洪亮且具有威慑力的发声，是显示自身能力的表现形式。发声，可以提高自己的兴奋性，增强注意力，使自己全身心地投入训练比赛中；可以增强身体的爆发力，达到以气催力、提高攻击杀伤力的目的；可以提高自身斗志，从气势上压倒对手，给对手造成巨大的心理压力；可以配合进攻动作来提高击打效果，赢得裁判员的认可，达到得分的目的。

五、内外兼修，身心合一

跆拳道运动既重视身体的外在训练，也重视心智的内在修炼，它要求内外同修，身心合一。无论是品势练习还是实战比赛，动作只是一种形式，它承载的是跆拳道所蕴含的文化、精神与意念，反映修炼者对跆拳道的认知、理解程度。同时，在练习中，它强调内力与外力的协调统一，以意引力，以气催力，如此才能使动作发挥出无坚不摧的威力。

六、礼始礼终，谦和恭让

"礼"，是跆拳道重要的训练内容，贯穿于整个训练过程。它强调一切训练都是以礼开始、以礼结束，通过行礼，表现出自己内心对师长、队友的尊敬、感激之情；同时，时时刻刻培养自己谦虚、谨慎、和蔼、忍让等良好的行为规范和礼仪习惯。

第三节 跆拳道运动的竞技规则

竞技跆拳道运动经过多年的发展，特别是经过多届奥运会的磨炼，其竞赛理论、竞赛规则以及裁判方法更加科学、严谨、规范，不仅促进了跆拳道技战术创新，也使比赛更加精彩、激烈。

我国自 1995 年正式开展跆拳道项目以来，竞赛理论、竞赛规则和裁判方法的研究和制定，经历了"学习引进、不断完善"的发展过程，总体的指导思想是力求搭建公平、公正、公开的国内竞赛平台，体现并倡导"国内练兵、一致对外"的思想。实践证明，坚持这一正确的指导思想，充分发挥竞赛杠杆作用，使我国的跆拳道运动不断发展壮大。

下面将对跆拳道竞赛规则中的总则，适用范围，比赛区，运动员与教练员，比赛种类和方法，比赛时间，称重，允许使用的技术、攻击的部位及得分，记分与公布，犯规行为，获胜方式，"击倒"及"击倒"后的处理程序和技术官员组成、处罚等条款进行解释。

一、总则

（1）《跆拳道竞赛规则及解释（竞技）》（以下简称本规则）依据世界跆拳道联盟（WTF）所颁布的竞赛规则及解释，结合中国跆拳道运动发展的实际情况制订。

（2）本规则是中国跆拳道协会（以下简称"中国跆协"）及其所属团体会员在中国境内主办或组织的所有跆拳道竞赛所使用的统一规则，目的是保证竞赛公平顺利地进行，并确保本规则在竞赛中得到执行和应用。

（注释1）

本规则的核心条款和内容全部依据世跆联所颁布的最新竞赛规则及解释，部分条款结合中国跆拳道运动发展的实际情况以及国内竞赛工作的任务与目的等进行了补充和完善。

（注释2）

第一条的目的是保证全国范围内的跆拳道竞赛规范化，所有不符合此基本规则的竞赛均不被视为跆拳道竞赛。

（注释3）

以下使用"注释"和"解释"的内容是对有关条款的内涵和本质定义进行说明。当教练员、运动员和裁判员对本规则的认识和解释产生分歧时，裁判员具有最终解释权。

二、适用范围

本规则适用于中国跆协及其所属团体会员在中国境内举办的各级、各类跆拳道竞赛。如需改动有关条款，须经中国跆协批准。

（解释1）

须经中国跆协批准：任何团体会员组织比赛需更改本规则的某条款，必须在规定比赛时间的1个月前将更改内容及其理由报请中国跆协审批。如果团体会员没有依照本规则组织比赛，中国跆协将不予认可并宣告该赛事无效。另外相关单位及责任人将受到中国跆协的纪律处分。

（解释2）

体重级别；裁判员人数；检查台、记录台、临场医务台人员；比赛时间等条款内容，可经中国跆协批准后更改，但"有效得分""警告""扣分""比赛场地"等条款在任何情况下不得更改。

三、比赛区

由中国跆协指定的国内赛事，要求比赛场馆至少应有3000个座位，场馆地面面积至少为40×60平方米，能给观众和运动员提供最佳的视觉和听觉效果，场馆地面到天花板的高度应在10米以上，场馆内照明应在1500至1800勒克斯之间，由场馆顶部直接照射到比赛场地。

比赛区应为8米×8米、水平、无障碍物、正方形，具有弹性且不易打滑的垫子，或由中国跆协批准使用的其他规格的比赛场地。

比赛区应铺设经中国跆协监制或指定的专用比赛垫。必要时，比赛区可根据实际需要置于一定高度的平台上。为保证运动员的安全，比赛场地边界线外应有与地面夹角小于30度的斜坡（见图1-1）。

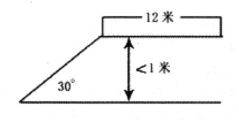

图1-1 比赛台

（一）比赛区的划分

（1）8米×8米的区域称为比赛区，标记为蓝色。

（2）比赛区的外缘线称为边界线。

（3）比赛记录台和临场医务台面对比赛区的边缘线为第1边界线，顺时针旋转依次为第2、第3、第4边界线。

（4）边界线以外需铺设比赛垫，以保护运动员的安全；尺寸大小可根据比赛的实际情况确定，宽度为1～2米，标记为红色或黄色。

（二）位置

比赛场地位置安排，如图 1-2 所示。

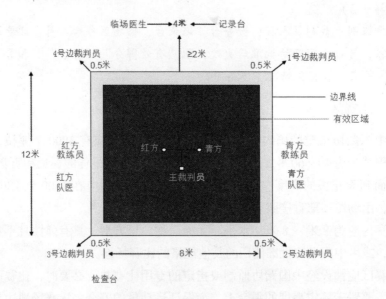

图 1-2　比赛场地位置安排

（1）主裁判员位置：距离比赛区中心点向第三边界线方向 1.5 米处。

（2）边裁判员位置：1 号裁判员在第一、二边界线夹角，面向比赛区中心点向后 0.5 米处；2 号边裁判员在第二、三边界线夹角，面向比赛场地中心点向外 0.5 米处；3 号边裁判员在第三、四边界线夹角，面向比赛场地中心点向外 0.5 米处；4 号边裁判员在第四、一边界线夹角，面向比赛场地中心点向外 0.5 米处。

如果比赛为 3 名边裁判员，1 号边裁判员在第一、二边界线夹角，面向比赛区中心点向后 0.5 米处；2 号边裁判员的位置在第三边界线中心点外 0.5 米处，正对比赛场地中心；3 号边裁判员在第四、一边界线夹角，面向比赛区中心点向后 0.5 米处。

（3）记录台位置：位于第一边界线向后至少 2 米处，面向比赛场地，并距离第一、二边界线夹角 2 米。

（4）临场医务台位置：置于第一边界线右侧向外至少 3 米处。

（5）运动员位置：运动员的位置是相对的 2 点，距离比赛区域中心点各 1 米，距离第一边界线 4 米处（青方距离第二边界线 3 米，红方距离第四边界线 3 米）。

（6）教练员位置：位于本方运动员一侧的边界线中心点向后 1 米处；在比赛进行期间，教练员不得站立执教（录像审议除外），不得离开 1 米 × 1 米的教练员指定区域。违反此条规则，将会被判罚"警告"。

（7）检查（检录）台位置：检查（检录）台位于比赛场地入口处附近。

（三）赛场环境

（1）为参赛运动员提供适当面积的热身区域和检录区域。

（2）比赛场地的高度、照度、温度和湿度适于运动员进行比赛。

（3）具备必要的医疗救护设施和措施。

（4）提供比赛所需的比赛景观和体育展示及其他环境和设施。

（解释1）

比赛区应铺设有弹性、平整的由中国跆协监制或指定的专用比赛垫。颜色搭配必须避免刺眼或引起运动员、观众视觉的疲劳，应与运动员的护具、服装、垫子表面颜色协调一致。

（解释2）

比赛区：应是8米×8米的正方形，环绕比赛区域应有至少2米宽的安全区域。因此，1片比赛场地至少为12米×12米。

（解释3）

比赛台应按照图1-1搭建。

（解释4）

检查台：在检查台，裁判员需检查运动员所穿戴的护具装备是否经中国跆协认可，尺寸大小、穿戴松紧程度等是否合适，如不合适，则要求运动员更换合适的护具。

（执裁指导）

裁判员必须充分理解"比赛区"的定义并在比赛中掌握好判罚尺度，避免过多中断比赛。

四、运动员与教练员

（一）运动员资格

运动员必须同时具备以下条件，方可参加中国跆协举办的赛事。

（1）必须是中国跆协的个人会员，其代表的参赛运动队属于在中国跆协注册的团体会员。

（2）当年度在中国跆协登记注册有效。

（3）持有中国跆协颁发，或经中国跆协推荐获得国技院/世跆联颁发的相应段位、级位证书。

（4）青少年比赛的运动员年龄符合中国跆协颁布的竞赛规程的规定。

（5）无违反《跆拳道竞赛纪律处罚条例》的行为。

（6）参加中国跆协各级团体会员和地方协会举办的比赛必须符合当地协会的各项规定和要求。

（解释1）

参赛资格：参赛运动员必须是中国跆协的个人会员，并只能代表在中国跆协注册的某一个团体会员单位参赛。依据是当年在中国跆协进行年度注册的注册文件和相应证明。

（注释1）

通常全国青年锦标赛的年龄限制为14～17周岁，以比赛当年的年份计，不按日期计算。

例如，比赛日期为2004年9月9日，出生日期为1987年1月1日—1990年12月31日的运动员都有资格参加比赛。

（二）教练员资格

教练员必须同时具备以下条件，方可在中国跆协举办的赛事中担任教练员。

（1）必须是中国跆协的个人会员，其代表的参赛运动队属于在中国跆协注册的团体会员。

（2）持有中国跆协颁发的教练员资格证书，并通过中国跆协当年的年度审核。

（3）持有中国跆协颁发，或经中国跆协推荐获得国技院/世跆联颁发的相应段位证书。

（4）参加并通过中国跆协举办的教练员培训班的考核。

（5）参加中国跆协各级团体会员、地方协会举办的比赛必须符合当地协会的各项规定和要求。

（三）比赛服装和护具

（1）运动员穿着和佩戴的道服和护具必须由中国跆协指定或认可。

（2）运动员比赛时须佩戴护具，包括护胸、头盔、护裆、护臂、护腿、护齿、手套、感应脚套（使用电子护具的情况）。其中护裆、护臂、护腿应穿戴在道服内；除了头盔，头部不得佩戴其他物品。与宗教信仰相关的物品，应提前获得许可并佩戴在头盔或道服内。

（3）跆拳道比赛道服、护具及其他装备的具体要求应分别指定。

（4）教练员在赛场执教时，必须穿着规范的运动服、运动鞋。严禁穿着与比赛不相适应的衣着入场执教。

（5）赛事组委会应负责准备好所有比赛所需装备，中国跆协应提前提供比赛所需数量的装备。

（解释2）

护具的大小和运动员的级别相对应。同一级别的运动员穿戴相同尺寸的护具参加比赛。

（解释3）

护齿：护齿的颜色只能是白色或透明。如果有医生诊断证明使用护齿会对运动员造成伤害，该名运动员可不戴护齿。

（四）药物控制

（1）在由中国跆协举办和认可的各类跆拳道比赛中，禁止携带、使用和提供国际奥委会（IOC）禁用的药品和使用禁用的方法。

（2）中国跆协有责任委托中国奥委会反兴奋剂委员会随时对运动员进行药检。

（3）赛事组委会必须无条件配合药检工作。

（4）任何拒绝药检或药检证明违反有关规定者，取消其比赛成绩，比赛成绩按顺序递补。同时，按《中国跆拳道协会兴奋剂违规处罚办法》予以处罚。

（五）责任与义务

（1）比赛中发生伤害和死亡事故时，不得向主办方、组织方、对方运动员追究责任。过失行为导致的事故应追究过失方的责任。

（2）各级各类跆拳道竞赛应当统一为运动员办理跆拳道专项保险。

五、比赛种类和方法

（一）比赛种类

1. 个人赛

个人赛一般在相同体重级别的运动员之间进行。运动员在1次赛事中只允许参加1个级别的比赛。

2. 团体赛

（1）按体重级别进行5人制团体赛，具体如表1-1所示。

表 1-1　5 人团体赛级别

男子	女子
54 公斤以下	47 公斤以下
54 公斤～63 公斤	47 公斤～54 公斤
63 公斤～72 公斤	54 公斤～61 公斤
72 公斤～82 公斤	61 公斤～68 公斤
82 公斤以上	68 公斤以上

（2）按体重级别进行 8 人制团体赛，具体如表 1-2 所示。

表 1-2　8 人制团体赛级别

男子	女子
54 公斤以下	46 公斤以下
54 公斤～58 公斤	46 公斤～49 公斤
58 公斤～63 公斤	49 公斤～53 公斤
63 公斤～68 公斤	53 公斤～57 公斤
68 公斤～74 公斤	57 公斤～62 公斤
74 公斤～80 公斤	62 公斤～67 公斤
80 公斤～87 公斤	67 公斤～73 公斤
87 公斤以上	73 公斤以上

（3）按体重级别进行 4 人制团体赛（将 8 个体重级别中相邻 2 个级别合并成为 4 个级别），具体如表 1-3 所示。

表 1-3　4 人制团体赛级别

男子	女子
58 公斤以下	49 公斤以下
58 公斤～68 公斤	49 公斤～57 公斤
68 公斤～80 公斤	57 公斤～67 公斤
80 公斤以上	67 公斤以上

2. 比赛方式

（1）单败淘汰赛。

（2）复活赛。

（3）循环赛或其他赛制。

3. 赛制选择

包括全运会在内的综合性运动会的跆拳道比赛一般采用个人赛制。

（解释1）

在锦标赛体系中，竞赛以个人为基础，团体名次根据个人成绩进行综合积分统计来决定。

（1）团体名次应根据如下条款由总分决定。

①称重合格后，每1名上场比赛的运动员获得基础分1分。

②每赢得1场比赛加1分（包括轮空场次）。

③每1枚金牌加7分。

④每1枚银牌加5分。

⑤每1枚铜牌加3分。

（2）如2支参赛队积分相同，先后名次按以下办法排列。

①按各队获得的金、银、铜牌数顺序。

②参赛运动员人数顺序。

③大级别获得分数多者顺序。

（3）在团体赛中，每场团体赛的结果由单一参赛队成绩决定。

（4）8个体重级别模式在8个级别的团体赛中，获胜5场以上为胜方。如果因2队平分不能确定先后名次（4比4），则各队选派1名同级别的代表进行加赛，此时的上场运动员不能为替补。

（5）在上述模式中，如果某一队在全部比赛结束之前就已经因获胜场数多而获胜，原则上剩下的比赛仍须进行。如失败的一方希望放弃余下的比赛，比赛结果不按累计积分计算而视为"失去比赛资格败"（以下简称"失格败"）。

六、比赛时间

比赛时间是指每场比赛为3局，每局比赛2分钟，局间休息1分钟。比赛时间也可根据实际情况，由比赛技术代表决定调整为比赛3局，每局1分钟或1分半钟，或者比赛2局，每局2分钟。

（注释）

可根据特殊需要对局数、比赛时间及休息时间进行调整，但每局比赛（包括加时赛）2分钟的时间规定原则上不能改动。

七、称重

（1）称重方式：按级别于比赛日的前1天进行称重；所有级别于第一比

赛日前 1 天进行称重。

（2）称重时间和地点由赛事组委会决定。称重必须在 2 小时内完成。如称重不合格，在 1 小时内有 1 次补称机会。

（3）称重时，男运动员着内裤，女运动员着内裤、胸罩。如运动员要求，允许裸体称重。

（4）赛事组委会应提供试称用的体重秤（误差不得超过 0.01 公斤），放置于运动员驻地或训练场馆。

（5）运动员须持有效参赛证件参加称重，否则按称重不合格计。

（6）监督与确认：称重的各个环节须由裁判员和赛事组委会指定的工作人员共同执行。如有必要，可由参赛队代表进行监督；称重结果须经技术代表或有关技术官员签字确认，确认后不得更改。

（解释 1）

比赛当日的参赛选手：比赛当日的参赛选手是指按赛事组委会或中国跆协排定的比赛日程，在预定日期进行比赛的参赛选手比赛前一天；称重时间由赛事组委会确定并在技术会议上通知参赛队，称重时间不超过 2 小时。

（解释 2）

女子称重地点应与男子分开，并由女性技术官员负责进行。

（解释 3）

正式称重不合格：如果运动员正式称重不合格，不能获得基础分。

（解释 4）

试称用的体重秤必须与正式的体重秤型号相同，并具有相同的精确度，在赛前应由赛事组委会核对无误。

八、允许使用的技术、攻击的部位及得分

（一）允许使用的技术

（1）拳的技术：紧握拳头并使用正拳进行正面攻击的技术。

（2）脚的技术：使用踝关节以下脚的部位进行攻击的技术。

（解释 1）

正拳：在跆拳道传统技术中，"正拳"就是使用紧握的拳头正面，迅速、有力地直线攻击对方躯干正面的技术。

（解释 2）

脚的技术：使用踝关节以下脚的部位所进行的攻击技术是合法的技术，使

用踝关节以上腿的部位（如小腿、膝关节等）进行的任何攻击都是被禁止的。

（二）允许攻击的部位

（1）躯干：允许使用拳和脚的技术攻击躯干被护胸包裹的部分，但禁止攻击后背脊柱。

（2）头部：锁骨以上的部位，只允许使用脚的技术攻击。

（解释3）

被护胸包裹的部位是允许被攻击的合法部位。基于此，运动员比赛时须穿戴与其体重级别相对应的护胸。

（解释4）

头部和躯干：如图1-3所示，锁骨以上的部位为头部；髋关节以上、锁骨以下的部位为躯干。

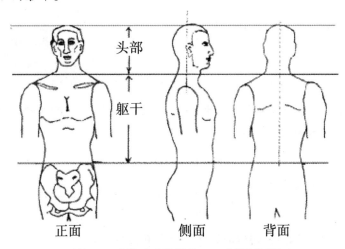

图1-3　允许攻击的部位——头部和躯干

（三）得分

1. 标准

使用允许的技术，准确、有力地击中得分部位时得分。

（解释1）

准确：合法的攻击技术完全或最大限度地接触对方运动员允许被合法攻击的目标范围之内。

（解释2）

有力：人工计分时，由边裁判员对击打力度进行判定；使用电子感应护具时，由电子感应护具中的电子感应器测量击打力度，根据体重级别和性别差异设定不同的力度标准。

2. 得分部位

（1）躯干：护胸上蓝色或红色部分覆盖的躯干部位。

（2）头部：锁骨以上的头颈部位（包括颈部、双耳和后脑在内的整个头部）。

3. 分值

（1）击中躯干计1分。

（2）旋转踢技术击中躯干计2分。

（3）击中头部计3分，主裁判员读秒不追加分。

（4）旋转踢技术击中头部计4分。

（5）一方运动员每被判2次"警告"或1次"扣分"，另一方运动员得1分。

（执裁指导1）

在旋转踢技术击打头部的情况下，边裁判员应针对有效得分和有效技术给出得分。

（执裁指导2）

"继续"（Kye-sok）的执裁尺度：运动员被击倒时，主裁判员应及时发出"分开"的口令并检查该运动员的状态，然后读秒。

4. 比分

比分为3局比赛得分的总和。

5. 得分无效

运动员使用犯规行为得分时，所得分数视为无效。

（解释3）

使用不合法的技术或犯规行为得分，该得分无效，这是一条基本原则。在此情况下，主裁判员必须通过手势示意减去无效得分并给予犯规的运动员相应判罚。

（执裁指导3）

得分无效时，主裁判员应立即发出"暂停"口令，首先通过手势示意记录台减去得分，然后给予犯规的运动员相应处罚。

九、记分与公布

（1）得分应立即计分并公布。

（注释1）

计分应遵循即时计分原则，也可称"1秒钟"原则：4名当中的2名以上边裁判员在1秒钟之内对合法得分技术进行了确认，即可以产生1个有效分。这是一条基本原则，无论采用什么计分方法均必须遵守此原则。根据比赛的实际情况，也可采取3名边裁判员执裁，其中2名以上计分有效的方式。

（解释1）

即时记分：意味着得分技术一出现应立即计分，延误一段时间之后再计分视为无效。

（解释2）

立即记录并公布：边裁判员的计分应立即公布在记分牌上。

（2）使用普通护具时由边裁判员使用电子记分器或记分表记录有效得分。

（解释3）

使用普通护具时：所有有效得分（包括1分、2分和3分），只能由边裁判员记录；所有计分必须由边裁判员独立判断，并通过电子仪器将得分即时显示在记分牌上予以公布。如果无法使用电子仪器，边裁判员必须立即将得分记录在记分表上，并在1局比赛后公布。

（3）使用电子感应护具时计分规则如下。

①躯干部位的有效得分，由电子感应护具中的感应器自动计分；当运动员使用有效的旋转技术时，"有效得分"将由电子护具感应器自动计分，"有效的旋转技术得分"将由边裁判员做出判断，给出得分。

②头部的有效得分和拳的技术得分，由边裁判员用电子记分器或记分表即时计分。使用旋转踢技术击打头部，边裁判员应针对有效得分和有效技术给出得分。

（注释2）

为提高竞技能力并确保公平的比赛结果，比赛中所使用的电子感应护具必须符合中国跆协所颁布的有关技术要求和标准。

（4）在比赛使用3名或4名边裁判员的情况下，有效得分须由2名或2名以上边裁判员即时计分方为有效。

（执裁指导）

使用任何一种计分系统，边裁判员都应遵守即时计分的原则，1局比赛结束时再计分不符合本规则的规定，属于违反规则的行为。

（5）在中国跆协主办的各类跆拳道比赛中，须使用中国跆协监制或认可的电子计分系统，包括电子记分器、电子记录台、电子显示屏等。

十、犯规行为

（1）比赛过程中所出现的犯规行为，由场上的主裁判员执行判罚。

（2）判罚分为"警告"（Kyong-go）和"扣分"（Gam-jeom）。

（3）两次"警告"应给对方运动员加1分，最后1次奇数警告不计入总分。

（4）1次"扣分"应给对方运动员加1分。

（5）犯规行为的判罚如下。

运动员有以下行为将被判罚"警告"，具体如下。

①双脚越出边界线。

②逃避或拖延比赛。

③倒地。

④抓、搂抱或推对方运动员。

⑤攻击对方运动员腰以下部位。

⑥用膝部顶撞或攻击对方运动员。

⑦用拳攻击对方运动员头部。

⑧教练员或运动员有任何不良言行。

⑨提膝阻碍或逃避对方运动员的攻击。

运动员有以下行为将被判罚"扣分"，具体如下。

①主裁判员发出"分开"（Kal-yeo）口令后攻击对方运动员。

②攻击已倒地的对方运动员。

③抓住对方运动员进攻的脚将其摔倒，或用手推倒对方运动员。

④故意用拳攻击对方运动员头部。

⑤教练员或运动员打断比赛进程。

⑥教练员或运动员使用过激言语、出现严重违反体育道德的行为。

⑦每局比赛开始前，主裁判员应该检查双方运动员的电子护具和感应脚套，观察运动员是否有操纵电子计分系统、增加感应脚套敏感性或者其他违规方式的企图。如发现故意违规操纵的行为，主裁判员保留给予该名违规运动员"扣分"判罚的权利，同时，根据运动员违规的严重程度，主裁判员也保留判罚该名违规运动员"犯规败"的权利。

（6）运动员违背竞赛规则或故意不服从主裁判员时，主裁判员可计时1分钟后直接判其"失格败"。

（7）运动员被判罚"警告"和"扣分"累计达4分时，主裁判员判其"犯规败"。

（8）"警告"和"扣分"次数按3局比赛累计。

（9）主裁判员中断比赛，下达"警告"或"扣分"口令时，比赛时间在主裁判员发出"暂停"（Shi-gan）口令的同时暂停，直到主裁判员发出"继续"（Kye-sok）口令，比赛继续进行。

（注释1）

制定犯规条款，禁止犯规行为的目的和意义如下。

（1）保护运动员的安全。

（2）确保公平竞赛。

（3）鼓励运动员使用恰当的或完美的技术。

（解释1）

两个"警告"给对方运动员加1分，但是，最后奇数次"警告"不被计入最后得分，无论犯规行为是否相同，也无论犯规行为出现在哪一局，被判罚两个"警告"均给对方运动员加1分。

（解释2）

运动员被判罚1次"警告"的犯规行为的种类及其在比赛中的表现如下。

（1）双脚越出边界线。双脚越出边界线的垂直平面即被视为"出界"。此时，主裁判员将判给犯规运动员1次"警告"。当"出界"是因为对方运动员使用犯规行为造成时，不属于"出界"，主裁判员有权对犯规运动员进行判罚。

如果"出界"行为在时间上有先后之分，则先"出界"的运动员属于犯规，应被判罚1次"警告"。

（2）逃避或拖延比赛。运动员无意进攻而回避比赛，判罚将给予更加消极或持续后退的一方。若双方运动员均回避比赛，则同时给予双方运动员"警告"判罚。但主裁判员应区分故意回避和战略防守，以战略防守为目的的技术动作将不给予判罚。

主裁判员避免比赛处于消极状态的具体做法：如果双方运动员在5秒钟后仍对峙不攻，处于消极状态，主裁判员可给出"进攻"的口令，出现下列情况时主裁判员将给予"警告"判罚。

①主裁判员发出"进攻"口令后，双方运动员仍然消极对峙，没有进攻动作的情况持续。

②主裁判员发出"进攻"口令后，一方运动员从原来的位置向后退或者明显处于被动状态的情况持续10秒钟。

转身逃避对方运动员的进攻违背了公平竞赛精神，并容易导致严重的伤害事故。同样，因逃避对方运动员的进攻而蜷伏或弯腰至腰部水平线以下，也属于"背逃"，将被给予"警告"判罚。

伪装受伤是对运动员在比赛过程中缺乏公平竞赛精神的行为予以判罚，包括为了表示对方运动员的动作是犯规行为而夸大受伤程度或假装身体某一部位因击打而疼痛，或为了拖延比赛时间而夸大受伤程度。在此情况下，主裁判员应对运动员发出两次继续比赛的命令，每5秒钟1次，如运动员仍不服从命令，则给予"警告"判罚。

为逃避或拖延比赛，运动员在比赛中示意主裁判员暂停比赛以整理护具，或示意其教练员申请录像审议，将被判罚"警告"。

（3）倒地。运动员倒地应立即予以"警告"判罚。如果一方运动员因对方运动员的犯规行为而倒地不应予以判罚，而应判罚对方运动员；因对方运动员使用技术动作导致一方运动员意外倒地时主裁判员提示倒地的运动员"注意"（Joo-eui）（口头警告），如果此行为重复出现应予以判罚；因技术动作的连续变换造成而非故意倒地的运动员，或因失去重心滑倒的运动员可不予以"警告"判罚。

（4）抓、搂抱或推对方运动员。"抓"，包括用手抓住对方运动员的道服、护具或身体任何部位，或用前臂勾住对方运动员的脚或腿；"搂抱"，包括用手或手臂压住对方运动员的肩膀或夹住其腋窝，或用手臂搂抱对方运动员的躯干；"推"，包括用手掌、肘、肩、躯干或头等部位推开对方运动员使其失去平衡以有利于自己攻击，或推开对方运动员以阻碍其正常使用技术动作情况出现时，主裁判员将给予"警告"判罚。

（5）攻击对方运动员腰以下部位。其主要指故意攻击对方运动员腰以下部位。为了阻碍对方运动员正常使用技术动作，使用强有力的踢击或蹬踏动作攻击其大腿、膝关节或胫骨任何部位，应被判罚"警告"。若攻击腰以下部位的动作是因为承受者（被攻击者）自身造成或发生在技术动作转换过程中，不属于此条款规定的内容。

（6）用膝部顶撞或攻击对方运动员。其主要指在近距离时故意用膝部顶撞或攻击对方运动员。但是，以下两种情况不在判罚之列。

①当使用合法的攻击技术时，对方运动员突然移动或前冲靠近。

②非故意或因进攻距离不合适所造成的。

（7）用拳攻击对方运动员头部。"拳"的概念：包括用手（拳）、腕、小臂、肘关节等击打对方运动员头部。但是由于对方运动员的不经意动作，如过分低头或随意转身而引起的情况，不在判罚之列。

（8）教练员或运动员有任何不良言行。"不良行为"包括运动员或教练不符合体育运动精神或跆拳道精神的行为或态度，具体体现如下。

①任何妨碍比赛进程的行为。

②以不合法途径对裁判员的判决表示抗议或指责竞赛官员，用身体动作或行为动作侮辱对方运动员或教练员。

③教练员使用过激的言语和执教动作。

④任何与比赛无关或不受欢迎的行为，或超出比赛本身所能接受范围的行为。

主裁判员根据实际情况对上述行为进行独立判罚。如在比赛间歇中出现不良行为，主裁判员可立即予以判罚并记入下一局比赛的计分中。

比赛进行中，如果教练员离开1米×1米的教练员规定区域，该名教练员将会被判罚"警告"。

（9）提膝阻碍或逃避对方运动员的攻击。提膝超过腰部故意格挡、阻碍、干扰对方1次进攻的行为，应被判罚"警告"。

（解释3）

运动员被判罚1次"扣分"的犯规行为的种类及其在比赛中的表现如下。

（1）主裁判员下达"分开"（Kal-yeo）口令后攻击对方运动员。此类行为十分危险，极有可能导致对方运动员受伤，原因如下。

①主裁判员下达"暂停"口令后，对方运动员可能处于无防卫的状态。

②主裁判员下达"暂停"口令后，进攻运动员使用的任何技术的击打力度会增大。此类攻击运动员的行为是违背跆拳道运动精神的。

因此，在"暂停"后，无论击打力度大小，故意攻击对方运动员均应予以判罚。此外，在"暂停"后，如一方运动员假装要攻击对方运动员，也应予以"扣分"判罚。

（2）攻击已倒地的对方运动员。此类行为十分危险，极有可能导致对方运动员受伤，原因如下。

①倒地的运动员可能处于无防卫的状态。

②由于倒地运动员处于静止状态，位置相对固定，对其使用的任何技术的击打力度都会增大。

此类攻击倒地运动员的行为是违背跆拳道运动精神的，在跆拳道竞赛中是不适当的。

（3）抓住对方运动员进攻的脚将其摔倒，或用手推倒对方运动员为了阻碍对方运动员的进攻，用手抓住对方运动员进攻的脚或用手推对方运动员使其倒地。

（4）故意用手攻击对方运动员头部。主裁判员根据自己的判断，给予下列行为"扣分"判罚。

①拳攻击的起点位置高于肩膀。

②当拳攻击的方向向上。

③当攻击的目的是在近距离对对方运动员造成伤害，而非进攻技术的正常转换。

（5）教练员或运动员打断比赛进程，具体如下。

①教练员在比赛中离开指定位置而影响比赛，或故意离开比赛场地。

②教练员为妨碍比赛进程或对裁判员的判罚表示不满而在场地周围走动。

③教练员或运动员威胁裁判员或侵犯裁判员的权利。

④教练员或运动员以不合法的方式抗议并打断比赛进程。

（注释2）

此条款规定的内容将不用于处理教练员申请"录像审议"的情况。

（6）教练员或运动员使用过激言语或做出违反体育道德行为。

（解释4）

主裁判员宣判运动员"失格败"。当运动员或者教练员无视或违反跆拳道竞赛基本准则、跆拳道竞赛规则和纪律以及主裁判员的指令，主裁判员可以不考虑"警告"或者"扣分"的累计情况，直接判其负。特别是当运动员不顾主裁判员的规劝，意图伤害或者对主裁判员进行明显的侵害时，应立即宣判该名运动员"失格败"。

十一、获胜方式

裁判员等技术官员依据本规则对比赛胜负进行判定。获胜方式包括以下几种。

（1）击倒胜（KO胜）。

（2）比分胜（PTF胜）。

（3）分差胜（PTG胜）。

（4）主裁判员终止比赛胜（RSC胜）。

（5）优势判定胜（SUP胜）。

（6）弃权胜（WDR胜）。

（7）失去资格胜（DSQ胜）。

（8）主裁判员判罚犯规胜（PUN胜）。

（解释1）

技术官员包括：竞赛监督委员、技术代表、仲裁委员和裁判员等。

（解释2）

击倒胜：当一方运动员被合法技术击倒，读秒至"8"时仍不能示意可以继续比赛，主裁判员继续读秒至"10"后，停止比赛，另一方运动员获胜。

（解释3）

分差胜：双方运动员在比赛第二局结束时或者第三局进行中，比分差距为12分时，主裁判员应停止比赛，宣布比赛结果。

（解释4）

主裁判员终止比赛胜：如果主裁判员或者赛事组委会医生确定运动员无法继续比赛且1分钟恢复期已过，或者该名运动员不顾主裁判员命令仍想继续比赛，主裁判员应宣布比赛停止，另一方运动员获胜。

（解释5）

弃权胜：

（1）一方运动员在比赛中因受伤或其他原因弃权，另一方运动员获胜。参赛运动员不得在比赛中无故弃权。

（2）一方运动员在休息时间到后不继续比赛或不服从命令开始比赛，另一方运动员获胜。

（3）教练员向比赛场地扔毛巾示意自己的运动员弃权，另一方运动员获胜。

（解释6）

失去资格胜：一方运动员称重不合格或比赛前失去运动员身份，另一方运动员获胜。根据失去资格原因不同，处理方式如下。

（1）运动员没有通过或者没有参加抽签后的称重：抽签表上将会反映运动员称重失格，并通报所有技术官员和相关人员。该场比赛将不选派裁判员，对方运动员不用上场比赛。

（2）运动员通过称重但是检录时未到：选派裁判员和对方运动员应等待在场上指定位置，直到主裁判员宣布对方运动员获胜。

（解释7）

主裁判员判罚犯规胜：当一方运动员得到"警告"和"扣分"累计4分时，或者当"十、犯规行为第（6）款"规定的情况出现时，另一方运动员获胜。

十二、"击倒"及"击倒"后的处理程序

（一）击倒

运动员在比赛中受到合法的强有力攻击后，出现以下三种情况之一的，判定为"击倒"。

（1）除双脚以外的身体任何部位触地。

（2）身体摇晃，丧失继续比赛的意识和能力。

（3）主裁判员判定被攻击的运动员不能继续比赛。

（解释）

击倒：击倒分为"站立式击倒"和"击倒"两种情况。运动员受击打倒地，或身体摇晃或不能胜任比赛的要求，可被视为"击倒"。此外，运动员受击打后，继续比赛将有危险或运动员的安全不能保障时，也可被视为"击倒"。

（二）"击倒"后的处理程序

运动员被"击倒"时，主裁判员将采取以下处理程序。

（1）主裁判员立即发出"分开"（Kal-yeo）口令暂停比赛，并将进攻运动员置于远处。

（2）主裁判员大声从"1"到"10"向被击倒的运动员读秒，每间隔1秒读1次，并用手势在其面前提示时间。

（3）即使被击倒的运动员在读秒过程中示意可以继续比赛，主裁判员也必须读到"8"，使其获得休息时间，并确认是否恢复，如已恢复就发出"继续"（Kye-sok）口令继续比赛。

（4）主裁判员读到"8"时，被击倒的运动员仍无法示意可以继续比赛，则读秒至"10"后宣判另一方运动员"击倒胜"。

（5）即使1局或整场比赛时间结束，主裁判员也要继续读秒。

（6）如果双方运动员同时被击倒，有任何一方尚未恢复，主裁判员将继续读秒。

（7）读秒到"10"后双方运动员均不能恢复，应按"击倒"前的比分判定胜负。

（8）主裁判员判定一方运动员不能继续比赛，可以不读秒或在读秒过程中宣判另一方运动员获胜。

（三）比赛结束后的处理

运动员无论身体任何部位严重受伤无法继续进行比赛，该名运动员30天

内不能参加比赛，除非有代表单位指定的医生证明并经赛事组委会医务组认定，由代表单位有资格的领队或者教练担保。

（解释1）

首先将进攻者置于远处：在此情况下，进攻方运动员应回到开始比赛时自己所处的位置，但是，如果被击倒的运动员就在进攻方运动员比赛开始时所处的位置上或附近，进攻方运动员应在其教练席前的警戒线处等待。

（执裁指导1）

主裁判员在执裁过程中应始终保持一种警觉状态，随时准备处理突然出现的"击倒"情况或其他危险状况，一旦出现此类情况，主裁判员应毫不犹豫地发出"分开"（Kal-yeo）口令。

（解释2）

如果被击倒的运动员在读秒过程中站立起来并示意可以继续比赛，主裁判员也须继续读秒，并通过检查、读秒等办法迅速判断该名运动员的状态。

读秒的根本目的是保护运动员，即使运动员在主裁判员读秒至"8"以前示意可以继续比赛，主裁判员仍应继续读秒至"8"，才能继续比赛。读秒至"8"是强制性的，主裁判员不能随意更改。

如果在读秒的过程中发现被击倒的运动员情况危险，需要紧急治疗，主裁判员应一边读秒一边给出召唤医生的手势，让医生马上进行治疗。除非医生认为情况危急需要立即进行抢救，否则主裁判员的读秒程序应当继续进行。读秒"1~10"：Ha-nal, Duhl, Seht, Neht, Da-seot, Yeo-seot, Ⅱ-gop, Yeo-dul, A-hop, Yeol。

（解释3）

主裁判员必须在读秒至"8"之前就能判断出运动员是否恢复。读秒后必须确认运动员的状态是否恢复，此程序必须执行。主裁判员确认运动员已经恢复，就发出"继续"（Kye-sok）口令继续比赛。主裁判员在继续比赛之前不允许无谓地延误时间。

（解释4）

主裁判员读秒至"8"时，被击倒的运动员仍无法示意可以继续比赛，则读秒至"10"后宣判另一方运动员"击倒胜"。确定"已恢复"的程序：运动员以实战姿势、紧握双拳数次和主裁判员进行有效的目光交流，示意可以继续比赛。如果运动员在主裁判员读秒至"8"时，仍不能用此程序表示"已恢复"，主裁判员应立即再读秒至"9""10"后宣判另一方运动员"击倒胜"。读秒至"8"后，运动员再示意可以继续比赛应视为无效。如果主裁判员判定被击倒的运动

27

员已不能继续比赛，即使该名运动员在主裁判员读秒至"8"时示意可以继续比赛，主裁判员可以继续读秒至"10"，随后宣布比赛结果，另一方运动员"击倒胜"。

（解释5）

主裁判员判定一方运动员不能继续比赛：当运动员受到明显强烈的击打倒地并处于危险状态时，主裁判员可中断读秒或在读秒的同时要求急救。

十三、技术官员组成

（一）赛风赛纪督察组

（1）资格：各类跆拳道竞赛可根据需要设立赛风赛纪督察组，由若干具有行政管理、跆拳道竞赛经验和裁判专业背景的资深人士组成。

（2）职责如下。

①监督和检查各项竞赛及赛风赛纪工作。

②依据《跆拳道竞赛纪律处罚办法》等文件对违背有关规定和体育道德的当事人、运动队进行处罚。

（二）技术代表

（1）资格：中国跆协主办的全国性比赛，技术代表由中国跆协技术委员会推荐，中国跆协秘书长任命。

（2）职责：全面指导、监督竞赛和裁判工作，同时履行竞赛监督委员的职责。技术代表在与竞赛监督委员会进行磋商后，有权利对比赛和所有技术事宜做出最终裁决。如出现竞赛规则中没有描述的问题，技术代表有最终决定权。

如有必要，技术代表可以在比赛中要求主裁判员召集合议等形式处理问题。

（三）竞赛监督委员会

（1）资格：具备丰富的跆拳道竞赛经验和裁判知识的资深人士。

（2）组成：各类跆拳道竞赛须设立竞赛监督委员会，由若干委员组成并行使职责。

（3）职责：协助技术代表处理竞赛事宜和技术问题，并确保竞赛的顺利进行；受理、审议、裁决运动队的申诉；对审议委员和裁判员的表现进行评估；在比赛中处理竞赛管理和处罚问题。

（四）审议委员

（1）资格：国际级裁判员或资深的国家级裁判员。

（2）组成：每块比赛场地设1名审议委员和1名审议委员助理；审议委员与场上运动员属同一单位或有连带关系时须回避。

（3）职责：应在1分钟内对即时录像进行审议，并告知主裁判员审议结果。

（五）裁判员

1. 资格

（1）在中国跆协登记注册有效，同时属于中国跆协个人会员，持有中国跆协或世跆联颁发的有效裁判员资格证书者。

（2）参加由中国跆协定期组织举办的裁判员培训班并通过考核者。

2. 配备与岗位设置

①裁判员须穿着中国跆协指定的裁判员服装，禁止携带妨碍比赛的物品。

②使用普通护具时，一般须设1名主裁判员和4名边裁判员。

③使用电子感应护具时，一般须设1名主裁判员和3名边裁判员。

④主裁判员或边裁判员与场上运动员属同一单位或有连带关系时须回避。

（注释1）

中国跆协举办的裁判员培训班是指各类目的在于提高裁判员业务水平的学习班。

（注释2）

中国跆协所属团体会员单位举办各级各类跆拳道裁判员学习班，必须经过中国跆协批准。

（注释3）

边裁判员的配备可以根据比赛的实际情况进行人数上的调整。但1名主裁判员和边裁判员多数判定的基本原则不能更改。

3. 职责

主裁判员职责如下。

（1）依据本规则的规定，掌握和控制整场比赛，确保比赛安全、公正、精彩。

（2）比赛过程中根据场上情况即时发出"开始"（Shi-jak）、"分开"（Kal-yeo）、"暂停"（Shi-gan）、"继续"（Kye-sok）、"计时"（Kye-shi）、"扣分"（Gam-jeom）、"警告"（Kyong-go）、"结束"（Ke-man）等口令，并判定胜负。

（3）依据本规则独立行使判决权利。

（4）原则上主裁判员不参与计分，但是，如果比赛中1名以上的边裁判员举手提示有得分未被计分或计分错误，主裁判员将召集边裁判员进行合议。

（5）在1名主裁判员和3名边裁判员的情况下，如果临场有至少2名边裁判员要求更改判决，主裁判员须接受，并更正判决。

（6）在1名主裁判员和4名边裁判员的情况下，如果4名边裁判员的意见为2：2，主裁判员有权力决定是否得分。

（7）加时赛结束时双方运动员均未得分，由主裁判员召集场上边裁判员按照"优势判定"规则判定胜负。

边裁判员职责如下。

（1）即时记分。

（2）对"优势判定"进行独立评判。

（3）如实回答主裁判员的问询。

（4）及时提醒主裁判员对比赛中出现的明显计分错误进行合议。

4. 判定责任

裁判员的判罚对竞赛监督委员会负责；不通过竞赛监督委员会的仲裁，比赛结果不能变更。

（注释4）

赛风赛纪督察组、竞赛监督委员会发现裁判员不能胜任执裁工作、没有公正执裁或出现无理由的错误时，可通过技术代表更换裁判员。

（执裁指导）

在1次合法技术击头部或旋转技术击中有效得分部位的情况下，如果因为边裁判员记分不一致，使得该次得分未被计分时，任何1名临场裁判员应立即提议进行合议。主裁判员下达"暂停"（Shi-gan）口令中断比赛，召集边裁判员合议，由主裁判员公布合议结果。如果场上1名教练员提出录像审议申请和边裁判员要求合议的是同一问题，主裁判员应先召集合议，如果合议更改判罚，该名教练员应坐下并收回审议申请。如果该名教练仍然站立要求录像审议，主裁判员应接受教练员的申请。本条款也适用于以下情况：主裁判员读秒出错，边裁判员应在主裁判员数到"3"或者"4"时提出不同意见。

（六）记录员

记录员负责比赛暂停、休息计时；按照主裁判员的指令记录并公布加、减分；记录比赛结果和获胜方式；公布分数和犯规判罚。

（七）医生

赛事组委会医生应在运动员受伤时对其进行及时治疗、抢救；协助主裁判员对运动员的"伪装受伤""击倒"等情况进行及时判断；协助裁判员对运动员进行赛前检查。

十四、处罚

（1）赛风赛纪督察组将依据《跆拳道纪律处罚条例》对比赛中出现以下情况的教练员、运动员和裁判员进行处罚。

①干扰或搅乱竞赛组织，打断比赛进程。

②有侮辱观众、散播谣言等不道德言语行为。

（2）赛风赛纪督察组将对相关人员进行处罚的决定立即公布，并上报中国跆协。

（3）赛风赛纪督察组在进行事件调查过程中，可找相关人员取证。

第四节　中国跆拳道运动发展的现状与问题

一、发展的现状

中国跆拳道发展概况可分为三个阶段：初始阶段、基础阶段和发展提高阶段。

（一）初始阶段

20 世纪 80 年代，国际跆拳道联盟（ITF）曾在中国部分城市进行跆拳道表演，跆拳道首次在中国展示。

20 世纪 80 年代末期，跆拳道在珠海市、深圳市、昆明市等地不约而同地开展起来，燃起了中国跆拳道发展的星星之火。

1989 年 5 月，韩裔美国人李大成来到北京体育大学进行了为期 3 周的跆拳道教学活动，现代跆拳道创始人之一的李仲佑先生也亲临现场。这次活动的所有费用全部由韩裔牧师金圣根先生无偿提供。此时，跆拳道项目尚未被国际奥委会确定为正式项目，国家体育运动委员会（简称"国家体委"，1998 年改组为国家体育总局）当时没有正式批准开展该项目。

随着跆拳道在我国的发展，经国家体委综合司、国际司国家体委领导批准，中国跆拳道协会筹备小组于 1992 年 10 月 7 日正式成立。

1994 年 9 月 4 日，在法国巴黎召开的国际奥委会第 103 届会议上，确定跆拳道为悉尼奥运会正式比赛项目。我国加快了跆拳道项目的发展步伐。

1994 年韩国龙人大学教授杨振芳来到北京体育大学，开始为期一年的跆拳道教学活动。

在该阶段，跆拳道在我国民间和院校逐渐开展，跆拳道从无到有，开始被部分人接受，但大部分人对此知之甚少。一部分人对外国的"武术"感到新颖想一探究竟，一部分人因武术情结对跆拳道抱有一定的排斥思想。

（二）基础阶段

由于跆拳道将在 2000 年奥运会成为正式比赛项目，又一次引起国家体委有关部门的关注并为启动该项目开始做一些实质性的行动，扩大了跆拳道运动在中国的开展范围。

1994 年 2 月 20 — 22 日，国家体委重竞技管理中心组织全国跆拳道运动座谈会，共有 12 个单位 60 多人参加，并把跆拳纳入国家"奥运夺牌"和"全民健身"计划中。在重竞技管理中心的领导下，相关部门组织了一系列活动，为后来中国跆拳道的发展奠定了基础。

1994 年 5 月，国家体委在河北正定举办了内部裁判员学习班。1994 年 9 月，在云南昆明举办了首次跆拳道全国比赛，有 15 个单位 150 余名运动员参加了比赛。

1995 年 4 月，国家体委组织了跆拳道裁判员学习班，杨振芳担任讲师，来自全国各地的 60 多名学员参加了此次学习。经过严格训练和选拔，有 20 多名学员作为裁判员参与了之后的全国比赛的裁判工作。

1995 年 5 月，由金圣根先生赞助的我国首届全国跆拳道锦标赛在北京体育大学举行，有 22 个单位约 250 名运动员参加了比赛。在这次比赛中，韩国跆拳道表演团做了精彩的表演。

1995 年 8 月，中国跆拳道协会成立，魏纪中当选为主席，郭仲恭任秘书长。

1995 年 11 月，我国正式选拔出国家集训队，首次以国家跆拳道队名义参加了在菲律宾马尼拉举行的第 12 届男子和第 5 届女子世界跆拳道锦标赛。这次比赛后我国被世界跆拳道联盟接纳为正式会员。

1996 年 5 月 17—19 日，我国在浙江金华举办了中国万基杯全国跆拳道锦标赛，共有 33 个单位的 308 名运动员参加了比赛。随后跆拳道比赛被纳入全国比赛计划，每年的上半年举行全国锦标赛，下半年举行全国冠军赛。中国的跆拳道运动迅速在全国各个省市兴起，跆拳道项目引起了各省市体委的重视，省级跆拳道队逐渐增多，跆拳道队的训练条件也逐渐得到改善。当时的教练员多数都是"半路出家"，改行做起跆拳道教练员，但都有一种勤于钻研的精神和敬业精神，他们的执教水平逐渐提高，执教经验逐渐丰富。

1996 年 6 月，经国家体委批准，中国派出了 9 名运动员参加了在墨尔本举行的第 12 届亚洲跆拳道锦标赛，男子选手门凤伟获得铜牌。

1996 年 7 月，中国跆拳道青年集训队正式在北京成立。

1997 年 11 月，在中国香港地区举行的世界跆拳道锦标赛中，我国女队运动员黄鹏获得 43 公斤级银牌。这是中国在世界跆拳道大赛中获得的第一枚奖牌，男队运动员刘闯获得 58 公斤级季军。

1998 年 12 月，在泰国举行的第 13 届亚运会上，贺璐敏获得女子 70 公斤级冠军。

1999 年 6 月，在加拿大举行的世界跆拳道锦标赛上，中国跆拳道队获得 1 金、1 银、2 铜的骄人战绩，王朔为中国队赢得第一枚世锦赛金牌，成为中国跆拳道第一个世界冠军。

2000 年 4 月，在法国举行的世界杯跆拳道比赛中，贺璐敏、孔繁桃分别获得 67、47 公斤级冠军。

2000 年 5 月，在中国香港地区举行的亚洲锦标赛中，陈中、贺璐敏分别获得女子 72 公斤以上级和 67 公斤级冠军。

2000 年 9 月，在澳大利亚悉尼举行的第 27 届奥运会中，陈中勇夺女子 67 公斤以上级冠军，获得中国历史上第一块跆拳道奥运会金牌。

中国跆拳道竞技水平的飞速发展，体现了中国跆拳道人的勇敢和智慧，中国跆拳道开始让世界刮目相看。

尽管取得了骄人的成绩，但当时的中国拳道还是处于基础阶段，教练员和裁判员短缺，执教水平亟待提高，运动员后备人才匮乏等，预示着中国跆拳道发展任重而道远。因跆拳道具有鲜明特色而备受青少年的欢迎。跆拳道简单易学、注重礼仪、服装特别而得到更多家长的认可，道馆教学逐渐在民间开展起来。我国跆拳道管理部门对此有所重视，出台了一系列管理文件。

（三）发展提高阶段

由于我国跆拳道项目在 2000 年奥运会上的突出表现，国家体育总局决定将跆拳道列为第 9 届全国运动会（简称全运会）正式项目，设男子 4 个、女子 4 个共 8 个级别的比赛。

2001 年，陈中在越南举行的世界杯比赛中，获得女子 72 公斤以上级冠军。

2001 年 11 月，第 9 届全运会跆拳道项目在广东深圳的体育馆进行，全国 31 个省市自治区和 6 个行业体育协会的运动队（36 支女队、35 支男队）的 152 名运动员参加了男女 8 个级别的比赛。

2001 年 11 月，在韩国举行的跆拳道世锦赛中，中国获得 1 银 1 铜的成绩。

2002 年 10 月，在希腊举行的第 4 届世界青年锦标赛中，中国选手取得 2 银 2 铜的成绩。

2003 年 8 月，中国首次派队参加了在韩国举行的第 22 届世界大学生运动会，赵雅获得 1 枚金牌。

2003 年 9 月，罗微在世界跆拳道锦标赛中获得金牌。

2004 年 8 月，在希腊雅典举行的第 28 届奥运会上，陈中和罗微分别获得 72 公斤以上级和 67 公斤级冠军。两名运动员参赛，取得 2 枚金牌，陈中蝉联冠军。

2005 年 4 月，在西班牙举行的世锦赛中，王莹获得女子 51 公斤级冠军。

2005 年 5 月，中国大学生体协跆拳道分会成立，同年 5 月在天津理工大学举办了第 1 届全国大学生跆拳道锦标赛。

2005 年 9 月，国家体育总局拳击跆拳道管理中心成立。跆拳道项目从重竞技管理中心分离出来，归拳击跆拳道中心管理。

2005 年 10 月，第 10 届全运会跆拳道比赛在江苏举行，共 40 支队伍参赛，运动员 147 名。

2006 年，我国举办了第 1 届全国大众跆拳道锦标赛。

2006 年 12 月，在卡塔尔多哈举行的亚运会中，吴静钰取得女子 47 公斤级冠军。

2007 年 5 月，在中国举行的跆拳道世锦赛中，中国队取得 2 金 1 铜的好成绩，陈中成为中国跆拳道的第一个大满贯获得者。

2007 年，根据中国跆拳道协会发展规划，正式启动会员注册的工作，并规定只有会员才能享受和参与由跆拳道协会组织的系列活动和赛事，以及考级升段等。这一要求率先从 2007 年 8 月份的大众跆拳道锦标赛开始落实，当时报名参赛的 2000 多名选手均为中国跆协会员。12 月，中国跆协执委会会议决定，非会员单位和个人（专业队）不得参加中国跆协举办的一切比赛和活动，推动了中国跆拳道段位制的正规化进程和协会会员制的实行。

本着和国际跆拳道发展速度同步和迅速接轨的指导思想，2007 年 12 月 15 日，国内首次试用了电子护具。

2008 年 8 月，在中国北京举行的第 29 届奥运会跆拳道比赛中，吴静钰获得女子 49 公斤级金牌，朱国获得男子 80 公斤级铜牌，实现该项目中国男子奥运会奖牌零的突破。

2009年9月9日，第11届全运会跆拳道比赛在山东滕州市体育中心举行，39支代表队的130名运动员参加了比赛。本次比赛使用了电子护具，采用了录像审议，并聘请了外籍裁判与国内裁判联合执法。

2009年10月14—18日，在丹麦哥本哈根举行的跆拳道世界锦标赛中，首次根据世跆联新修订的比赛规则，采用了电子护具、录像审议系统和新的计分系统标准，在跆拳道的历史上具有里程碑意义。在这次跆拳道世锦赛中，中国获得2金2银1铜，创造了历史最好成绩。获得冠军的两名选手分别是韩颖颖和侯玉琢。

2011年5月1—6日，跆拳道世锦赛在韩国庆州举办，中国队获得了2金2银和4个第五的成绩，侯玉琢继2009年世锦赛后再次夺冠，夺得女子57公斤级冠军。这次登顶使侯玉琢成为中国跆拳道历史上第一个在世锦赛中卫冕的选手。

2012年8月，在英国伦敦举行的第30届奥运会上，吴静钰获得女子49公斤级冠军，侯玉琢获得女子57公斤级银牌，刘哮波获得男子80公斤以上级铜牌。

2012年11月，在阿鲁巴举行的世界杯跆拳道比赛中，中国女队首次取得团体赛金牌。

在此阶段，无论跆拳道的竞技比赛还是大众普及活动都得到进一步规范与提高，在世界跆拳道大家庭中，中国跆拳道逐渐成为重要角色，呈现出良好的发展势头。2013年马兆勇获得世界锦标赛87公斤级银牌。

二、发展中面临的问题

现代竞技体育的发展已进入了一个崭新的、多因素优化组合的阶段。任何一项优异成绩的取得都是无数教练员、运动员、科学工作者、管理决策者以及后勤工作人员等相互努力的结果。竞技运动项目的发展过程都是由相互作用和相互依赖的若干组成部分结合成的具有特定功能的整体，是一个具有整体性特征的系统。竞技运动的发展已达到了相当高的水平，要在此基础上更进一步，必然会不断地向人类自身极限挑战，其难度越来越大。随着我国竞技跆拳道一项又一项荣耀的取得，人们开始接受和喜爱跆拳道，各类跆拳道会所和场馆越来越多，越来越多的青少年参与到跆拳道的练习和比赛中；其也成为体育院校（系）所开设的一项特色运动项目。然而，跆拳道运动高速发展的背后也存在许多问题。

（一）参与人数低

长期以来我国跆拳道运动一直以专业训练为主，在群众中开展得较少，普通老百姓很少参与这项运动，有的根本不知道跆拳道为何"物"，更看不懂跆拳道比赛。

（二）缺少训练设施

跆拳道运动的发展受到跆拳道场地不足的制约。众所周知，跆拳道训练对场地的使用人数要求较高，通常情况下一片场地 2～4 人为宜，人数过多就会出现部分人员闲置，影响训练效果的情况。随着我国跆拳道运动的不断发展，学习打跆拳道的儿童、少年人数将不断增多，对场地数量的需求也将不断提升。然而目前我国大部分的跆拳道场馆属于个人经营管理，而个人经营的跆拳道场馆往往偏重于经济效益，使得参与跆拳道运动的消费超过一般人群的经济承受能力。因此，我国需要建设大批跆拳道场地，以满足我跆拳道发展的需求。

（三）训练水平低

跆拳道教练员的训练水平反映在执教能力上，而这又是教练员各种素质的综合体现。跆拳道教练员除了应该具有坚实的专业知识和全面的基础理论知识，还必须具有熟练的专项训练操作能力和创新能力。随着跆拳道技战术的不断革新，教练员的观念、训练手段也应随之发生变化。中国跆拳道运动员的竞技水平代表着中国跆拳道的整体水平。中国跆拳道运动员在步伐、节奏、判断等方面都比欧美的优秀运动员慢，并且击打的力量也不足。因此，要提高我国跆拳道运动员的竞技水平还有很长的路要走。

（四）人文教育力度不够

作为一项竞技运动，跆拳道也是一项教育内容。争金夺银固然重要，但我们也不能忽略竞技体育促进交流与和平的社会本质，我们在传授技术的同时，也要注重人文教育。因此，必须从基础教育环节开始，从小抓起，培养跆拳道爱好者自信、自强、独立、团结、谦虚、冷静的精神。"礼仪、廉耻、忍耐、克己、百折不屈"的精神是一个跆拳道从业人员必须要具备的。

第五节　跆拳道运动的价值分析

一、注重礼仪，锻炼道德品质

跆拳道"礼仪"是跆拳道基本精神的具体体现。跆拳道虽然是以双方格斗的形式进行的，但是不管怎样激烈，双方都是以提高技艺和磨炼意志品质为目的的，所以在双方各自内心深处都必须持有向对方表示敬意和学习的心理。

因此在练习或比赛前后都一定要向对方敬礼，即跆拳道运动始终倡导的"以礼始，以礼终"的尚武精神。礼节是跆拳道练习和比赛过程中必须具备的行为规范。

礼仪不只是形式上的表现，更是发自内心的实施，练习者在长期练习和比赛的过程中要逐渐将礼仪的形式转化为心理动力。将礼仪意识带到练习者生活、学习及工作的各个方面，锻炼人克己礼让、宽厚待人和恭敬谦逊的道德品质，培养人充满浩然正气。

二、防身自卫，培养吃苦耐劳精神

跆拳道是武技中的一项。通过练习，学生不仅可以掌握各种踢法和拳法，提高身体的灵活性和反应能力，而且经过长期训练还可以使练习者具备防身自卫能力。

特别是现在的中学生，大部分是独生子女，在家娇生惯养，上体育课时怕苦、怕累和怕脏。而跆拳道既能有效地锻炼学生的身体素质，又能够锻炼学生吃苦耐劳的精神，而且在某些关键时刻还能起到防身的作用。

三、修身养性，树立正确人生观

在练习跆拳道的过程中，观察每个人的动作就可感知各自的技术水平。因此，练习者之间将产生竞争心和学习热情，可以培养练习者积极向上、不断进取的精神。此外，还可以培养练习者助人为乐的精神、谦虚礼貌的行为和严谨的生活方式。通过有纪律的生活，练习者不但容易融入社会，而且可使练习者树立更高的人生目标。

四、道德塑造，启示着生活方式

由于跆拳道是练习者精神和身体的综合修炼，可使练习者在艰苦的磨炼中培养出理想的人格和体魄，并能够真正掌握防身自卫的本领。跆拳道人要不断地追求卓越，每天坚持不懈的练习磨炼着练习者的意志。跆拳道的"道"，是一种生活的理念，通过跆拳道运动带来精神上的追求，修的是一种心态。

五、磨炼意志，提高社会适应性

跆拳道教育的核心是使练习者正确掌握把全身各部位作为武器的方法，以及为了防止乱用跆拳道技术的精神教育。跆拳道启示着生活方式和思考方法，特别是在高扬精神文明的同时培养正义的力量。而且，它能培养人们的高贵气质，提高人们的适应性，使学习跆拳道的人更容易融入社会。

跆拳道的教育价值成了吸引家长和孩子的一大法宝。通过该项运动，可实现对学生强身健体与教育的功能，让学生能够得到更全面的教育。不得不说，跆拳道的教育价值是其立足之本。

六、陶冶精神，增加文化交流

跆拳道强调对人精神上的陶冶，强调内涵哲学。人类的文化总是相互交流、彼此渗透的，在人类文化发展的进程中，不同文化的交流与传播是一个重要的标志，也是一种重要发展方式。要了解跆拳道精神，就必须了解中国传统文化与朝鲜文化的关系。作为朝鲜传统文化一部分的跆拳道也深深地打上了中国传统文化的烙印。跆拳道运动是具有深厚的中国传统文化内涵和朝鲜传统文化特质的运动，它的成功走向世界是其他传统文化值得借鉴与参考的。

第二章　跆拳道运动教学的主要内容

第一节　跆拳道运动教学的技术特点

一、跆拳道运动教学中的技术概念及分类

（一）概念

跆拳道技术是指进行跆拳道运动时能充分发挥运动员的身体能力，合理有效地完成跆拳道动作的方法，即进行进攻与防守动作方法的总称。

"合理"，是指必须遵循人体运动规律、符合人体生物力学的原理与方法；"有效"，是指能充分发挥人体潜能，在实战或比赛中能进行有效的进攻与防守，并最终击中对手得分而取胜。合理有效的动作方法是以一种理想的动作模式为衡量标准的，是通过对训练、实战、比赛等经验的不断总结归纳和科学的计算、分析、设计而形成的。它反映了一般规律，具有共性的特点。但是，由于每个人都有着各自的个性、不同的身体条件、使用动作的不同习惯和与不同对手有不同对抗形式的特点等，技术还具有个性特点。基于此特点，就必须寻求个性与共性的统一。随着技术在训练、比赛实践中的逐渐发展，技术也在不断地丰富与完善，并非固定不变的，所以"合理""有效"是相对的。尽管如此，具有共性的跆拳道技术在一定阶段内还是科学合理的。因此跆拳道运动员在训练、实战和比赛中，完成的技术越接近标准模式的要求，就说明运动员所掌握的技术越科学、越合理，技术水平就越高。掌握基本的技术，对提高竞技能力、在比赛中创造优异成绩具有重大意义。它是跆拳道运动的基础与根本，也是发展高、难、新技术，形成个人特长和绝招的基础。

（二）分类

跆拳道运动的技术种类繁多，其分类的方法也有很多，如可根据动作的结构分类；也可根据动作的功能分类。

按技术动作的结构分类：跆拳道在基本技术的基础上，衍生出为数众多的各种技术，这些技术的总和构成了跆拳道的技术体系。将这些技术按其动作结构可分为基本技术、组合技术、综合技术。

按技术动作的功能分类：跆拳道的技术就其本质来讲，其目的和作用就是攻击对手而不被对方攻击，或是化解对方的进攻并对其进行反击。运动员为了取得比赛的胜利，围绕这一目的对技术进行选择、运用，选手根据自身条件的不同选择不同的技术，并对技术进行各自不同的变形，由此产生了不同的技术风格。无论技术简单复杂与否，就其功能来说，可归纳分类如下。

（1）进攻技术。

（2）防守技术。

（3）反击技术。

（4）连接技术。

（5）假动作技术。

（6）攻防组合技术。

（6）攻防综合技术。

二、跆拳道运动教学中的基本技术

跆拳道运动的基本技术简单实用，是所有其他技术的精髓和灵魂。任何技术的变化、运用都是在基本技术的基础上发展、衍生而来的。但是，基本技术只是跆拳道技术规范化和理想化的单个技术动作，在比赛实践中，基本技术需要根据时机、距离、战术和运动员的自身条件加以变形才能有效地使用。

（一）实战姿势

实战姿势是使自己身体处于最有利于进攻和防守的一种姿势。其作用是使身体随时处于攻防的最佳状态，保护自己，快速进攻与反击。在实战姿势中，左脚在前称为左势，右脚在前称为右势。本节均以左势为例。

1. 标准实战姿势

动作要领：两脚前后开立略同肩宽，前脚脚尖内扣45度斜向右前方，后脚脚跟提起，双膝关节微屈，重心落在两腿之间，上体自然直立呈45度角斜向右前方，双手握拳，拳心相对，两臂弯曲，左拳略前伸与鼻同高，右拳置于胸前，两肘自然下垂，头部直立向前，目视前方，具体如图 2-1 所示。

图 2-1　标准实战姿势

易犯错误及纠正方法：重心偏前或后移，双脚全脚掌着地，双膝僵直无弹性；纠正时，强调身体自然放松，重心保持在两腿之间，富有弹性。

2. 侧向实战姿势

侧向实战姿势的动作要领及要求同标准实战姿势一样，但身体完全转向右侧，两脚前后开立在同一条直线上。这种姿势有利于转体进攻或由后攻击，具体如图 2-2 所示。

图 2-2　侧向实战姿势

3. 低位实战姿势

低位实战姿势的动作要领及要求同标准实战姿势一样，只是加大双膝弯曲度，重心降低。其特点是有利于防守、反击和跳起攻击，具体如图 2-3 所示。

图 2-3 低位实战姿势

4. 与对手的相关站位

开式站位：所谓开式站位就是与对手的站位呈开放型，即左势对右势，右势对左势，具体如图 2-4 所示。

图 2-4 开式站位

闭式站位：所谓闭式站位就是左势对左势，右势对右势，具体如图 2-5 所示。

图 2-5 闭式站位

（二）跆拳道步法

1. 冲刺步

动作方法：实战姿势站立，右脚向前上步呈左实战姿势，紧接着左脚向前上步回到原来的位置，具体如图 2-6 所示。

图 2-6　冲刺步

动作要领：两腿动作要迅速，频率要快，如冲刺跑一般，移动时步幅不宜过大。

实战作用：迅速接近对手；连接横踢、双飞踢等技术攻击对手。

2. 前垫步

动作方法：实战姿势站立，重心后移，右脚向左脚内侧并拢，同时左脚蹬地向前迈步，具体如图 2-7 所示。

图 2-7　前垫步

动作要领：右脚向前上步要迅速，不等右脚落地，左脚就向前移动，移动的距离不要过大，整个动作要协调连贯。

实战作用：快速接近对手；连接横踢、下劈踢、侧踢等技术攻击对手。

3. 后垫步

动作方法：实战姿势站立，左脚向右脚方向并拢；同时，右脚蹬地向后移动，两脚落地呈实战姿势，具体如图 2-8 所示。

图 2-8　后垫步

动作要领：左脚撤步要迅速，整个动作要协调连贯。

实战作用：拉开与对手的距离；连接横踢、下劈踢等技术反击对手。

4. 跳换步

动作方法：实战姿势站立，左右脚同时离地，以腰部力量，带动双腿相互交换，落地后仍呈实战姿势站立，具体如图 2-9 所示。

图 2-9　跳换步

动作要领：换步要灵活，弹跳不宜太高。

实战作用：调整实战姿势。

5. 左弧形步

动作方法：实战姿势站立，以左脚为轴，右脚蹬地向左侧跨步，上体随之左转，具体如图 2-10 所示。

图 2-10　左弧形步

动作要领：整个动作要协调一致。

实战作用：用于躲闪对方进攻及躲闪后反击。

6. 右弧形步

动作方法：实战姿势站立，以左脚为轴，右脚蹬地向右侧跨步，身体随之右转，具体如图 2-11 所示。

图 2-11　右弧形步

动作要领：整个动作要协调一致。

实战作用：用于躲闪对方进攻及躲闪后反击。

7. 左侧移步

动作方法：实战姿势站立，右脚踏地，左脚向左侧上步，右脚随之跟上使身体重心向左移动离开原来的位置，具体如图 2-12 所示。

图 2-12　左侧移步

动作要领：移动时要有弹性，速度要快，身体要放松。

实战作用：躲闪对方的进攻或躲闪后反击。

8. 右侧移步

动作方法：实战姿势站立，左脚蹬地，右脚向右侧方上步，左脚随之跟上使身体重心向右移动离开原来的位置，具体如图 2-13 所示。

图 2-13　右侧移步

动作要领：移动时要有弹性，速度要快，身体要放松。

实战作用：躲闪对方的进攻或躲闪后反击。

9. 后滑步

动作方法：实战姿势站立，左脚蹬地，右脚先后退半步，落地时右脚掌先着地，随之左脚向后跟半步，落地后保持实战姿势不变，具体如图 2-14 所示。

图 2-14　后滑步

动作要领：右脚退步距离不宜过大；右脚退多大距离，左脚要跟多大距离，要借助蹬地的反作用力加快移动速度。

实战作用：躲闪对方进攻或配合技术反击。

（三）跆拳道拳法

1. 左直拳

左直拳：保持实战姿势，出拳时，左手握拳由屈到伸，当肘臂还未完全伸直时，拳头向右方旋转，拳背向上，同时向右拧腰转肩，力达拳面，如图 2-15 所示，然后迅速收回。

图 2-15　左直拳

2.右直拳

右直拳：保持实战姿势，右脚蹬地，腰髋部向左旋转，右手握拳由屈到伸，当肘臂还未完全伸直时，拳头向左方旋转，拳背向上，转体、顺肩，向前快速打出，力达拳面，如图2-16所示，然后迅速收回。

图 2-16　右直拳

3.直拳的动作要领

（1）用直拳击打时，要充分利用蹬地、拧腰、转髋、顺肩的合力，握紧拳头，迅猛有力，力达拳面。

（2）另一手臂置于胸前或两肋旁呈防守格挡姿势。

（3）在使用拳腿组合动作时，拳与腿的动作要衔接流畅，转换迅速，才能充分发挥直拳击打的作用。

（4）直拳的击打部位是胸腹和两肋。

（四）跆拳道腿法

1.横踢

动作方法：在实战姿势的基础上，右腿蹬地，屈膝向前提起，同时左脚以脚前掌为轴向左拧转90度，右腿膝关节抬至接近水平时向左侧内扣，小腿由屈到伸快速向左侧踢出，同时拧腰转髋，增加力度，击打目标后自然放松，如图2-17所示，然后收回小腿迅速落下呈原姿势。

图 2-17　横踢

动作要领：

（1）提膝时，膝关节夹紧直线向前提膝。

（2）横踢动作时，支撑腿要以前脚掌为轴，随横踢动作脚跟逐渐内旋（约180°），横踢发力时，髋关节应展开。

（3）髋关节前送，击打的感觉似鞭打动作。

（4）横踢时，摆动腿应踢过身体中线约 30 厘米。

（5）小腿弹踢的瞬间，要有一个制动的过程，使击打腿产生鞭打的效果。

2. 后踢

动作方法：在实战姿势的基础上，左脚以脚前掌为轴向内旋转约 180 度（背对或侧对对手），上体旋转时重心移至左腿，同时右腿屈膝抬起靠于左膝内侧，用力向后直线蹬出，力达脚跟，如图 2-18 所示，然后迅速落下呈原姿势。

图 2-18　后踢

动作要领：

（1）后踢时，上体与踢出腿应在同一平面，要控制住肩部不要随之转动。

（2）提腿时，大小腿应充分回收，蓄力待发。

（3）转身、提腿、后踢三个动作要连贯有力。

3. 劈腿

劈腿又称下劈，因运用的方法不同又分为直腿下劈和屈腿下劈。

直腿劈腿：在实战姿势的基础上，右脚上一步，重心移至右腿，左脚蹬地，左腿尽量上举使左脚至对手头部上方，由上向前下方用力劈下，上体略后仰，同时向右侧拧髋前送，快速以脚掌击打目标，如图2-19所示，然后迅速落下呈原姿势。

图 2-19 直腿劈腿

屈腿劈腿：在实战姿势的基础上，重心移至左腿，右脚蹬地，大腿屈膝尽量上提，小腿随提膝动作上抛至最高点（以脚超过对手头部为准），由上向前下方用力劈下，上体略后仰，同时向左侧拧髋前送，快速以脚掌击打目标，如图2-20所示，然后迅速落下呈原姿势。

图 2-20 屈腿劈腿

劈腿动作要领：

（1）在练习、运用劈腿动作过程中，要尽量抬高身体重心，攻击腿尽量上举（以脚略超过对手头部为准），大腿与上体贴紧，以提高腿的高度，增加击打距离。

（2）起腿要快速、果断，落地时可选择贴靠对手或后撤分开。

（3）劈腿的击打部位是头部和胸部。

4. 摆踢

动作方法：在实战姿势的基础上，身体重心移至左腿，右脚蹬地屈膝提起，同时右脚以前掌为轴外旋，右腿向对手头部右侧踹出，在脚接近对手头部右侧的瞬间，用力向右侧屈膝勾小腿，以脚掌击打对手头部，如图 2-21 所示，然后迅速落下呈原姿势。

图 2-21 摆踢

动作要领：

（1）在运用摆踢动作过程中，各部分动作的衔接不能分解，要一次性连贯完成、快速、果断。

（2）摆踢的击打部位是头部。

5. 前踢

动作方法：在实战姿势的基础上，左腿支撑，右脚蹬地屈膝提起，髋前送，小腿快速由屈到伸向前弹击，力达脚背，如图 2-22 所示，然后迅速落下呈原姿势。

图 2-22 前踢

动作要领：

（1）要注意膝关节夹紧不外翻。

（2）髋要前送，增加击打距离。

（3）击打时小腿放松，富有弹性，快打快收。

6. 侧踢

动作方法：在实战姿势的基础上，重心移至左腿，右腿屈膝提起，膝向左侧内扣，勾脚尖，快速向前方直线踹出，力达脚跟，快打快收，如图 2-23 所示，然后迅速落下呈原姿势。

图 2-23　侧踢

动作要领：

（1）提膝后大小腿完全折叠，收束成一团。

（2）踝、膝、髋三个关节尽量保持在同一水平面。

（3）击打时这三个关节应呈一条直线，力达脚跟，快打快收。

7. 推踢

动作方法：在实战姿势的基础上，重心移至左脚，并以脚前掌为轴外旋约90 度，右脚蹬地屈膝提起，由屈到伸向前方直线蹬出，力达脚跟或脚全掌，如图 2-24 所示，然后迅速落下呈原姿势。

图 2-24　推踢

动作要领：

（1）在运用推踢动作时要送髋，重心向前平推，便于衔接下一个动作。

（2）上体不可后仰太多，以免身体重心后移而破坏动作的连贯性。

8. 双飞踢

动作方法：在实战姿势的基础上，先由右腿踢出一个横踢动作，在右横踢尚未完成时，左腿迅速再踢出一个横踢动作，如图 2-25 所示，然后迅速落下呈原姿势。

图 2-25　双飞踢

动作要领：

（1）上体略后仰，身体重心应随腿的击打向前平行推移。

（2）当前一腿完成动作一半时，后一腿迅速跟进踢出，动作衔接要紧凑，快速果断。

（3）当双腿在交换踢出时，髋与腰的左右拧转非常重要，它们的拧转速度越快，两腿交换就越快。

（4）双飞踢的击打部位是头部、胸腹及两肋部。

（五）基本防守法

防守是比赛中利用身体各部位结合各种步法抗击、闪躲、阻挡、堵截或转移对手进攻攻势的一种技术。在比赛中，合理地使用防守技术，是争取比赛主动权的有效方法。只有进攻而无防守，是不能克敌制胜的，只有攻防结合，攻中有防、防中有攻、以攻代防、以防带攻，才是取胜的根本保证。

1. 上格挡

上格挡：在实战姿势的基础上，当对手用腿法攻击头部时，手臂握拳迅速向外上方外旋抬起，拳与头部前额相距 20 厘米，肘与肩同高，手臂紧张，同时身体微下沉向外侧拧腰，使对手的攻击腿落在前臂的外侧，如图 2-26 所示。

图 2-26 上格挡

2. 下格挡

下格挡：在实战姿势的基础上，当对手用腿法攻击胸腹部和两肋处时，前臂迅速用外侧由屈到伸向下方砸击，同时身体微向内拧腰，肘尖向外，然后迅速收回，如图 2-27 所示。

图 2-27 下格挡

3. 十字防

十字防分为上十字防和下十字防。

上十字防：在实战姿势的基础上，当对手用劈腿攻击头部时，双手握拳迅速抬起，在头部上方呈十字交叉状防守，如图 2-28 所示。

图 2-28　上十字防

下十字防：在实战姿势的基础上，当对手用前踢或后踢等腿法攻击时，双手握拳呈十字交叉状置于下腹部防守，如图 2-29 所示。

图 2-29　下十字防

4. 堵截

堵截是在对手的进攻尚未发动或刚刚发动时，利用身体或动作（如推踢）将对手的进攻堵住截断，使之无法发动攻击的一种技术。具体使用的方法：当发觉对手有进攻企图时，迅速上步用身体贴靠对手，不给对手进攻的距离；使用推踢、侧踢将对手封堵在有效击打距离之外，从而破坏对手的进攻。使用堵截防守技术：首先要判断准确，确定对手将要使用何种动作进攻，依据判断，采取相应措施，实施堵截；其次动作要快速果断，防守毕竟是被动的，只有快速，才能抢在对手动作发动前将其制止。

5.闪躲

闪躲是运用身法和步法使身体向某个方向移动，避开对手的攻击，并在保护自己的同时，使身体处于良好的反击的准备状态的一种技术。在跆拳道比赛中，闪躲的方法主要有左、右闪躲，后撤闪躲和左、右环绕闪躲等。运用闪躲技术时，应根据临场形势，采取不规则、无规律的闪躲和移动的方式来避开攻击并快速反击。首先要求对时机的把握恰到好处，最好的时机是对手攻击动作完成一半时，以快速的步法避开其攻势并迅速反击，因为此时对手即使发现自己的防守意图也已无法中途改换动作。其次位移必须准确无误，抢占有利于反击的位置，不可因防守的因素而远离对手（闪躲距离过大）。最后要保持身体的整体协调，上下一致，共同进退，应特别注意步幅不可过大，以免失去身体重心，影响反击的效果。

三、跆拳道运动的技术特点

（一）跆拳道技术的实效性

使用跆拳道技术动作的目的就是击中对手得分和阻止被对手击中而使对手不得分，从而取得比赛的胜利。在规则允许的范围内，无论使用何种动作只要能击中对手的有效部位得分，而不被对手击中失分，这就是跆拳道技术的实效性。如何保证动作的实效性可以从以下几方面入手。

1.动作的隐蔽性

动作的隐蔽性是指使用动作前或动作间转换时不暴露动作的意图。它要求动作发动前没有预兆，在保证动作结构不被破坏的前提下，尽可能地减少动作环节和与攻击动作无关的多余动作。

2.动作的突然性

动作的突然性是指以最快的初速度完成攻防动作的启动，使之带有突然性；同时使动作在运行过程中的加速度得到加强与提高，保证动作在击打时能以最快的速度完成，增加击打力量，在对手没有反应时将其击中。

3.动作的简捷性

动作的简捷性是指在比赛中选择的动作具有合理性和简单、快速、实用的特点，它包括最佳击打的路线、距离、部位及攻击的角度、方向等。也就是说，应以最快的速度、最短的路线、最佳的角度、最简单直接的动作攻击对手最薄弱的部位或防守上暴露的破绽。

（二）跆拳道技术的快速性和准确性

在跆拳道比赛中，双方的攻防转换迅速，任何一方为了达到攻击的目的，获得动作的实效性，无论进攻或防守，领先对手是第一要务，双方总是要保证以最短的时间来完成动作，同时使动作的运用恰到好处，具有高度的准确性，只有这样，才能实现击中对手而不被对手击中的目的。快速性表现在反应快、步法快、出腿快、转换快；准确性表现在判断准、位移准、击打准。

（三）跆拳道技术的应变性

在跆拳道比赛中，运动员各类技术的运用，在很大程度上受到对手的制约，难以按照赛前制定的预想模式来实施，他必须根据临场情势的变化及时采取相应的对策，才能在瞬息万变的情势中做出相应的动作：进攻或防守；或由进攻迅速转入防守；或由防守迅速转入反击。可以说，比赛中大多数情况下，跆拳道的动作是在变化中完成的。因此，随机应变的能力在跆拳道比赛中有着十分重要的地位，起着十分重要的作用。

（四）跆拳道技术的预见性

在跆拳道比赛中始终贯穿着发挥与反发挥、制约与反制约的激烈对抗与争夺。复杂、快速、多变、斗智、较勇，正是跆拳道比赛的魅力所在。在这种情势下，运动员几乎没有可能在极短的时间内改变已经启动的动作的方向、路线，可又要使自己的技术动作取得较好的效果，这就要求运动员的技术动作必须有预见性。所谓预见性就是能够从两个方面来判断、预测对手的行动。一是当自己主动进攻时，对手会采用何种方式方法来防守或反击？对手完成防守或反击后身体姿势所呈现的状态是怎样的？我应该如何应对？二是对手进攻后，他的身体姿势状态是怎样的？与我形成开式站位还是闭式站位？距离远近如何？是单击还是组合进攻？是否有利于他的再进攻？总之，预见性就是要准确地判断出对手的第一步、第二步、第三步等的行动意图。只有掌握了对手的这个意图，自己才能有超前反应，做出的技术动作才符合临场的客观实际需要，才会有实效性。预见性是通过赛前对对手的充分了解和临场的敏锐观察，经过综合分析、判断形成的。而超前反应则是建立在距离感、时机感、方向感、知觉和对对手的充分了解、熟悉以及丰富的比赛经验的基础上的。

第二节　跆拳道运动教学的基本原则

一、自觉积极性原则

自觉积极性是练好跆拳道技术、提高跆拳道竞技水平的首要条件，所以，在教学的过程中要时刻利用各种方式方法调动练习者的自觉积极性。跆拳道练习和竞赛都要求"以礼始，以礼终"，自始至终都要求以礼为先，因而，利用人与人的礼仪互敬，启发练习者自觉热爱他人，对他人尊重而有礼貌，进行思想行为教育。鼓励学生克服学习中遇到的各种困难和挫折，提高练习者自觉努力的意识。根据练习者学习训练的目的和任务，组织多种形式的竞赛和集体活动，通过竞赛和互助互帮评比，调动练习者的积极性。此外，利用高水平比赛的激烈竞争和比赛中运动员之间高难度动作精彩纷呈的场面来促进练习者的积极性，启发练习者自觉地去研究新内容、新组合和新方法。

二、直观性原则

跆拳道比赛的关键和高难技术动作为数不多，但其外在表现却丰富而且引人入胜。由于跆拳道本身传统的特点，上述技术不仅是身体形体的活动，而且还讲究内在精神、意识以及发声和形体动作的密切配合、相互促进。对于这些技术和特点，教学时，首先通过教师的正确示范和讲解，使学生对这些技术有一个感性认识。然后可利用图片、录像，使学生学习这些技术在比赛中的具体运用，同时观察不同运动员的技术特点和风格，全面而形象地建立理性认识，最终通过反复练习和揣摩全面掌握技术动作。

三、从实际情况出发，区别对待原则

随着跆拳道运动的日益普及和发展，练习和从事跆拳道的人越来越多，能够学习和掌握跆拳道比赛的关键和高难技术动作的人也会越来越多，因此，在这些技术的教学过程中，一定要注意利用从实际情况出发、区别对待的原则进行教学。要根据练习者的年龄、性别、身体素质、技术水平以及训练条件等实际情况，在教学练习中因人施教。例如：对少年儿童，要精讲多练，练习内容以动为主，适当利用辅助器如脚靶，以提高练习兴趣；对成年人可利用启发式教学对动作进行讲解，培养学员分析解决问题的能力；对男生要强调动作放松，防止动作僵硬；对女生则要强调劲力，防止松懈，尤其要合理安排例假期间的

练习；对领会掌握动作快的学生，要防止学习得不到满足时出现的消极情绪，同时要强调动作的细节，精益求精，在要求动作质量的基础上，增加击打的劲力；对掌握动作慢的学生，要耐心帮助，多给以辅导的机会，保证其最终掌握技术动作。还可根据练习者的身体素质情况，如柔韧、灵敏、力量、速度和耐力，安排相应的技术作为重点学习目标，以便发挥其特长和优势，创造优异的运动成绩。

四、系统性原则

虽然说跆拳道比赛的关键和高难技术为数不多，但其也有简单和复杂之分，因此，教学时应从简单到复杂，从易到难循序渐进。在技术教学过程中，要系统讲解每一个动作的特点和在实战比赛时的用法、相应的规则限制、运用技巧以及与其他动作组合运用的规律，全面而系统地掌握每一个关键和高难度动作的基本技术和实用规律，提高运用这些技术的能力。

五、巩固和提高相结合原则

在教学和练习中，首先要求掌握和巩固已学会的技术动作，使其技术规格形成动力定型，然后才能在巩固的基础上提高。反复练习是巩固技术的重要手段；而反复练习也有要求，即在熟练动作的同时提高击打的力度，否则在比赛中运用时就不能够得分。巩固是为了提高，提高包括技术技巧的提高、使用技术能力的提高和使用技术效果的提高。技术动作准确而且规范是为了使动作快速有力，变化灵巧多端则体现了其使用能力，而使用的目的是得分取胜。因此，巩固与提高相结合是学好跆拳道高难度动作必不可少的环节，对学习和运用高难度动作起着桥梁和催化剂的作用。

六、从难、从严、从实战出发和大运动量练习原则

掌握跆拳道比赛的关键和高难度的技术动作之后，要通过反复练习和运用才能够将其真正运用到比赛中去。在这个过程中首要和必须遵循的原则就是从难、从严、从实战出发、大运动量练习。

从难，首先要强调练习的实效性。腾空跳劈腿的动作难度很大，训练时非常辛苦，但实效性非常强，比赛时一旦跳劈击中对方头顶或锁骨，就很有可能直接获得比赛的胜利，因此，只有知难而上，刻苦训练才能掌握这项技术。其次从训练条件的难度进行要求，有目的地增加训练条件的难度，以增强练习者比赛时的自信心和勇气。此外，还要根据比赛和技术发展的需要，进行难、新

动作的创新和训练，利用新创的高难度动作获得比赛的胜利。

从严，是指在练习过程中严格要求练习者的所有行为和思想，对练习者的技术观念、练习作风、纪律表现、训练情况以及思想问题都要严格要求，严格把关。

从实战出发，首先要进行大强度和高密度的对抗练习，以适应比赛的需要；其次要根据实际情况改变练习时间和环境，以适应不同条件下比赛的需要。

大运动量练习是以超出比赛强度、密度和量的要求标准进行练习，以便保证练习者能轻松地进行任何比赛。但应注意大运动量要科学合理地安排，掌握好时间和节奏，围绕练习目的有计划地安排每一次大运动量练习。

第三节　中国传统文化与跆拳道运动教学相结合

一、跆拳道中的礼仪

进行严格的礼仪、精神和行为规范的教育，是跆拳道运动重要而必修的内容，是跆拳道精神的基本体现，是所有跆拳道修炼者发自内心的对跆拳道的尊崇与敬意。作为一个以对抗为表现形式的运动项目，在训练比赛中，无论对抗程度如何激烈，它始终是一个载体，承载的是跆拳道博大精深的文化内涵；它始终是一种形式，是修身养性和完善人格的过程。通过这种形式来达到提高运动技术水平、磨炼意志品质的目的。

"以礼始、以礼终"贯穿于跆拳道的整个训练过程。通过跆拳道训练，培养练习者勇猛善战、敢打敢拼的意志品质，坚忍向上的作风，讲究礼仪、修养以及健康完善的人格。练习前，先向国旗敬礼，心中装着时刻为祖国争夺荣誉的信念，充分体现出爱国主义的精神；教练与队员之间相互敬礼，体现出尊师爱生的崇高品德；队员之间相互行礼，体现了集体主义、团结一致、互助友爱的高尚情操。

跆拳道的礼仪表现在人的一切行为规范中。在平时遇到师长要行礼问候；在训练场，从坐姿到站姿都有一定的规范要求；对教师的指导、教诲，要敬礼并立正聆听；在训练中，特别是在踢靶练习和自由对抗中，要向对方行礼，感谢对方为自己的训练付出的辛勤劳动。在尊重前辈、恪守诚信的前提下磨炼技艺是对我们修炼的要求，也是我们必须遵循的原则。

（一）跆拳道的站姿、跨立、坐姿及敬礼

1. 站姿

站姿：两脚并立，两脚尖正对前方，抬头、挺胸、收腹，双手五指并拢呈自然状贴于大腿两侧中间，两眼平视前方，神态自然，如图 2-30 所示。

图 2-30　站姿

2. 跨立

跨立：两脚开立略同肩宽，两脚尖外转约 30 度，抬头、挺胸、收腹，右手握拳，左手五指握住右手腕部置于身后腰部，两眼平视前方，神态自然，如图 2-31 所示。

图 2-31　跨立

3. 坐姿

坐姿：两脚交叉，右脚在前，盘坐于地上，抬头、挺胸、收腹，双手呈自然掌形或握拳置于双膝上，两肘内收自然下垂，两眼平视前方，神态自然，如图 2-32 所示。

图 2-32　坐姿

4. 敬礼

跆拳道的敬礼分为向国旗敬礼、个人敬礼和相互敬礼三种。

（1）向国旗敬礼：身体呈立正姿势，右手呈掌形置于左胸前，目视国旗 3 ～ 5 秒，神态恭敬、庄严，如图 2-33 所示。

图 2-33　敬礼

（2）个人敬礼：身体呈立正姿势，身体前倾弯腰呈 15 度，头部前屈 45 度鞠躬敬礼，双手自然下垂置于体侧或右手置于胸腹间，停顿约 3 秒钟，如图 2-34 所示，然后还原呈立正姿势。

图 2-34　个人敬礼

（3）相互敬礼：身体呈立正姿势，身体前倾弯腰约 35 度，头部前屈 45 度鞠躬敬礼，双手自然下垂置于体侧，停顿约 3 秒钟，如图 2-35 所示，然后还原为立正姿势，神态祥和。

图 2-35　相互敬礼

（二）各种场合的礼节程序

在相互行礼时，双方要注意保持一定的距离，以防发生碰撞。

在不同的场合，跆拳道的礼节有着不同的要求和形式。

1. 进入道馆训练时的礼节

（1）跆拳道练习者进入道馆（场）训练，必须身着道服，衣着整洁，神态恭敬，服从指挥，要抱着相互学习、共同提高的心态去学习、训练。

（2）进入道馆（场）后，首先要向国旗敬礼，然后向教师敬礼。

（3）两人一组进行练习时，首先相互行礼，练习结束后，再次相互行礼，以表谢意。

（4）训练中如果有事，需先向教师敬礼，说明理由，经教师同意后方可离开。

（5）训练中服装或护具脱落时，应背对国旗和教师，整理好后再进行训练。

（6）训练结束后，整队集合，首先向国旗敬礼，然后向教师敬礼，离开道馆（场）时，再次向国旗和教师敬礼、道别。

2. 比赛时的礼节

（1）比赛开始前：当运动员进入场地时，应向裁判员和教练员敬礼，待主裁判员发出"立正""敬礼"的口令后，双方运动员要相互敬礼；当主裁判员发出"准备""开始"的口令后方能开始比赛。

（2）比赛结束时：双方运动员在各自的位置站好，当主裁判员发出"立正""敬礼"的口令后，双方运动员要相互敬礼，然后面向裁判长等待其宣布比赛结果；宣布比赛结果后，向裁判长席、主裁判员、副裁判员（边裁）及对方的教练员、观众敬礼；本场比赛结束后进行某些友谊赛、对抗赛或进行跆拳道品势、功力、特技表演时，在开始前和结束后，多以集体形式出场并向嘉宾、裁判员、观众及对方的教练员、运动员敬礼。

二、中国传统文化在跆拳道教学中的体现和应用

跆拳道虽然源于朝鲜，但中国与朝鲜在地域上是相连的，因而，彼此的文化相互渗透影响，跆拳道中的礼仪有很多体现了中国传统的儒家思想和道家思想。例如，儒家重视礼仪，道家追求虚静，这些在跆拳道中都得到了充分的体现。由此证明，跆拳道与我国的传统文化有着密不可分的关系，跆拳道传入中国后，中国的传统文化使其受到了深刻的影响，具体表现在以下几方面。

（一）儒家思想与跆拳道中的重礼

我国传统的儒家思想强调以礼待人，礼在儒家文化中占据了重要的地位。儒家思想提倡"非礼勿视，非礼勿听，非礼勿言，非礼勿动"，不管是国家间的外交，还是个人在生活中的日常行为，儒家都要求个人时刻以礼约束自己的行为和思想。而跆拳道中一个重要的指导思想就是崇尚礼仪，在跆拳道教学中练习者除了要认真地学习技术动作，更要将礼作为时刻约束自己的核心思想，不管是比赛还是练习，或者是生活中，都要以礼待人，严格要求自己的行为。由此可见，儒家思想在跆拳道的礼仪中有着举足轻重的地位。一个优秀的跆拳道运动员，具有的不仅仅是高超的技术动作和极强的身体素质，更要具备优秀的个人素养即时刻以礼作为自己对事对人的标准。

（二）道家思想与跆拳道中的忍耐精神

道家虽与儒家崇尚的思想内容不一样，但道家在中国的传统文化中也占据着重要的地位。道家思想强调虚怀若谷、谦虚宽容，它提倡以柔克刚，反对人与人之间为利益争名夺利、互相残杀，这些就是道家追求的虚静的人生境界。在跆拳道教学中就对道家这一思想进行了大量的应用。在进行跆拳道技术动作的训练过程中，要求练习者完成旋转、跳跃等技术性极强的动作，这就要求练习者的心态保持平和，尤其是在真正比赛的时候，做一些高难度的动作，更需要保持平和的心态，而道家所提倡的虚静便可以帮助练习者调整比赛时的心情

和心态，让他们抛却一切的杂念，进入无我的境界，使自己的水平得到最大限度的发挥。中国传统文化与跆拳道礼仪精神都要求练习者对自己严格要求，去私欲，多为他人着想，不贪求，对别人可以做到无私。综上所述，跆拳道不仅融合了朝鲜文化的特色，也渗透进了中国优秀的传统文化精神，使得跆拳道不仅仅是一种传播高超武技的途径，更是一种对优秀文化进行传扬的有效方式。

近年来，跆拳道在我国广受青睐，跆拳道礼仪也在我国被广泛传播。跆拳道中的礼仪充分体现了我国的传统文化精神。对跆拳道练习者的训练，既要培养他们过硬的身体素质，更要帮助他们形成优秀的人格。跆拳道运动中的礼仪具有丰富的文化内涵，我们应该在传承的同时将这些礼仪发扬光大。新时代的到来给跆拳道带来了新的气息，但不管时代如何变迁，科技如何进步，跆拳道中的礼仪精神与中国传统文化的精髓都是相通的，都是值得一代代人传承的，而这些都需要在跆拳道教学中传授给学员。

第四节　跆拳道运动教学阶段及品势特征

一、跆拳道运动教学阶段

跆拳道运动教学和一般教学过程具有共同点，表现形式都是教师有目的、有计划地指导学生积极地掌握一定的知识技能，并在这个基础上发展学生的认知能力、培养学生优良思想道德品质的过程。这个过程一般可分为三个阶段，具体如下。

（一）泛化阶段

泛化阶段是初步建立动作的运动表象的过程。其主要任务是通过教师的讲解、示范等，让学生对所要学习的新动作有初步的概括性了解，获取感性认识，并粗略地掌握动作。

在此阶段，学生大脑皮层的神经联系处于泛化阶段，学生完整的动力定型尚未形成，表现出动作紧张、不协调，完成某一个动作时极易出现多余动作等。

基于此，在教学过程中不宜过多地强调动作的细节，而应以动作的主要环节为教学重点和突破口，紧紧抓住学生掌握动作过程中的主要问题，通过教师简练的讲解、正确的示范，加深学生对正确动作的理解，促进学生尽快地形成动作的正确概念。教师要注意从不同的方向、角度、部位进行示范，使学生能够清楚地观察到动作运行的路线与过程、方向与角度的变化、发力的部位与顺序以及击打的部位与落点等，以期达到学生初步掌握动作的目的。

（二）分化阶段

在此阶段，教学的主要任务是使学生巩固正确的动作，提高动作的协调性和动作质量，逐渐形成动力定型。在教师的指导下，通过在一定条件限制下的两人配合练习，不断提高对技术动作的运用能力，其中包括对时机、距离、空间的判断能力等，进一步培养学生进攻、防守和反击的实战意识，提高学生临场应变能力。

在不断练习的过程中，学生对运动技能的内在规律会有初步的了解，逐步消除部分动作的不协调和多余的动作。此时大脑皮层的条件联系由泛化进入分化阶段，大部分错误和不合理的动作得以纠正，基本上能较顺利地、连贯地完成技术动作，初步建立正确的动力定型，但定型不稳定，此时如果遇到新的刺激或干扰，错误的、不合理的动作可能还会出现。因此，教师在教学中一定要抓住学生存在的主要问题，反复强调并进行反复练习。对错误动作的纠正要及时，可采用对比和综合分析的方法，帮助学生体会动作的细节，使动作日趋规范准确。此时要结合对技术动作各个要素的分析，强化、提高学生对动作技术的理性认识。

（三）巩固和自动化阶段

巩固和自动化阶段是通过进一步的反复练习，把已经建立的条件反射不断巩固与强化，从而建立正确良好的动力定型，使大脑皮层的兴奋和抑制在时间和空间上更加集中和精确。此时的动作技术不仅精准、熟练，更有较好的协调性、连贯性，而且随着运动技能的进一步巩固和发展，在暂时联系达到非常巩固的程度后，动作可出现自动化现象。这对于跆拳道技能的提高是非常重要的。在瞬息变化的跆拳道比赛中，动作自动化可使第二信号系统的活动摆脱第一信号系统的束缚，使之更加专注于战略、战术的变化，及时捕捉时机。这一阶段主要通过各种形式的实战对抗，进一步提高动作的稳定性和完善自动化程度，提高技术动作运用的实效性，最终培养学生在各种情势下运用动作的应变能力。在教学过程中教师可根据教学意图和目的的不同，有针对性地选择不同水平层次的练习对手进行一对一的实战练习，使学生在变化万千的对抗中，尽快熟练技术并不断提高动作质量。

但需注意：动力定型达到一定程度后，一定要进一步进行强化练习，使动力定型进一步完善、稳固，否则动力定型了的动作就会消退。此时，教师要不断地对学生提出更高层次的要求，如变换对手（不同身高、体重或水平能力的对手）、变换练习条件（增加练习难度或提高动作指标）等，使学生不断加深对动作技术的理性认识，促使动作精益求精。

在跆拳道教学中，运动技能形成过程的几个阶段并不是截然分开的，而是逐步过渡、循序渐进的一个过程，而整个过程的长短受诸多因素的影响，与教学方法、训练水平、学生身体条件以及学生的接受能力，学习的积极性、目的性有着密切关系。因此，教师在学生运动技能形成的不同阶段，善于选择并采取有针对性的教学方法和练习手段，使学生运动技能早日形成并日趋完善与巩固。

二、跆拳道教学品势特征

跆拳道品势是以技击动作的攻防进退为素材，通过特定运动的规律变化而编排的整套练习形式。它类似于中国武术运动中的套路练习形式，即将一定数量的动作串联编排起来而形成固定模式的套路。

跆拳道品势内容丰富而形式多样，基本品势有基本一式、基本二式、太极的一至八章和八卦的一至八式；高段品势（黑带品势）有高丽、金刚、太白、平原、十进、地跆、天拳、汉水、一如等。通过品势练习，可促进学生身体各部位的全面发展，达到强身健体、磨炼意志的目的。

（一）跆拳道品势教学的基本特点

1. 注重基本功的练习

跆拳道品势的基本内容丰富多彩、形式多样，基本功和基本动作一般包含手型、手法、步型、步法、腿法、拳法、肘法、脚法、跳跃等内容，由此形成了多姿多彩、多种形式的品势套路。通过品势练习，能有效提高学生的力量、速度、灵敏性、柔韧性、平衡性等，同时它也是培养学生坚强的自信心、顽强的意志品质和健康的心理素质的有效途径与手段。

跆拳道的品势是学习跆拳道的方法之一，在安排教学内容时，要根据学生的具体情况以及教学任务，尽可能地做到系统化、多元化；要遵循运动技能形成的规律，循序渐进，由简到繁，由易到难；要根据品势的内容和技术特点，在教学中不断强化基本功、基本动作的练习，使学生更好地掌握正确的基本功和基本动作。扎实的基本功能增强身体的柔韧性和灵活性，提高肌肉的控制能力和保持必要的弹性，这一点对提高动作质量、预防受伤及延长运动寿命有着十分重要的意义。同时，扎实的基本功够使学生在整套品势练习和比赛实战中熟练掌握、运用各种技术动作。因此，将基本功、基本动作的练习贯穿于品势教学的全过程，是品势教学在内容选择与安排上的特点之一。

2. 直观教学为主，首重动作规格

跆拳道品势的内容繁多，动作复杂，但路线、方向的变化较简单，多以直线转折为主，所有演示路线类似中国的九宫八卦图。它外形要求全身协调配合，内重精神与意识、呼吸及劲力相统一，并伴有发声来振奋精神，以气催力。因此，在教学中必须依据人类认识事物的规律来组织、实施教学。品势教学首重动作规范，教师准确、连贯地示范，会给学生留下非常深刻的第一印象，对学生建立正确的动力定型极其重要。品势不同，动作的规格要求也不同，所以教学重点也不一样。以单个动作为例，首先要强调该动作姿势的准确，其次要强调动作方法的正确，最后要强调动作力度、速度及演示路线的准确。

3. 突出特点，抓住重点

攻防技击是跆拳道运动的显著特点，品势则是跆拳道运动在漫长的历史发展演变过程中对技击动作精华的浓缩。因此，在品势教学中应紧紧抓住技击这个特点来对动作进行分析，逐个剖析动作的攻防含意和劲力的使用方法，强调动作的速度、力度及节奏，使学生明确每个动作的作用及用法，加深对动作攻防技击内涵的理解。每一个品势，每一个动作，都有其区别于其他品势、动作的技术特点，在演练中会表现出不同的风格与技巧，抓住其特点，将之作为重点来进行教学，就能使学生清晰地认识动作的精髓而牢固地掌握它。

4. 内外合一，形神兼修

在品势教学中，提高演练技巧是其重要特点之一。品势的观赏价值较高，给人以刚劲有力的阳刚之美，并通过品势演练展示跆拳道深厚的文化内涵和礼仪礼节。它内外合一，形神兼备，将其身心和谐之美通过演练来体现，这都需要有扎实的基本技术和高超的演练技巧来支撑，因此，品势演练并不是单个动作的简单重复，而是外在动作的精细规范、劲力顺达、力点准确和内在的精神、意识、气质的高度协调一致，共同演绎出跆拳道所包含的全部文化内涵和价值。

（二）跆拳道品势教学的方法

1. 直观教学法

（1）动作示范。动作示范是品势教学中最常用，也是最基本的一种方法。它以标准的动作为范例，使学生通过直观感知来了解动作的形象、结构、要领和方法。它的特点在于不仅使学生从感性认识来获得正确动作的全貌，而且可

以激发学生学习的兴趣和自觉性。

（2）示范的位置。教师在做示范动作时，应让所有学生能够清楚看到正确的示范动作，因此在各个方位都做一次或多次示范。例如，在队伍的正前方和学生（横队）成等边三角形，教师站在三角形的顶点；或者教师站中间，学生围成圆形；或前排学生蹲下等。

（3）示范面的运用。示范面的正确使用，能使学生更快更好地学会动作和掌握要领。应根据动作的不同前进方向或面部所朝方向来选择不同的示范面。示范面一般有侧面示范、镜面示范、背面示范等。

（4）领做示范。领做示范一般在学习新的动作时运用，教师应注意示范的位置和示范的速度。教师要根据动作的路线方向来选择示范的位置，尽可能使学生看到教师示范的动作，以便学生模仿、掌握动作的运动路线、方法与姿势。当改变运动方向时，教师应变换示范位置。领做速度应由慢到快，待学生逐渐熟练后，再过渡到正常领做速度。

（5）示范与讲解法相结合。在学习新动作时，应较多采用示范与讲解相结合的方法。其目的在于使学生在获得感知动作形象的同时，通过形象生动的讲解，来强化动作形象的效果。它比较容易使学生通过示范动作了解动作的全部过程而直观地去模仿动作，同时也通过语言的讲解而让学生进一步明确动作要领，体脑并用，提高教学效果。对不同的学生应有不同的教法，水平较高的学生以讲解为主，示范为辅，水平较低的学生以示范为主，讲解为辅。

（6）多媒体课件教学。现代信息技术的飞速发展及其在广阔领域的普及、推广与运用，在某种意义上给我们的教学带来了一场革命，极大地丰富了教学的方法与手段。运用多媒体进行教学，对提高教学质量具有十分重大的促进作用。多媒体教学是一种以交互方式将文本、图形、图像、音频、视频等多重媒体信息，经过计算机设备的获取、操作、编辑、存储等综合处理后，以单独或合成的形态表现出来的技术和方法。它是现代教学训练的手段之一。它有助于学生建立正确的动作概念，能充分显示动作的结构、过程、要领与细节，特别是对结构复杂和难度较大（跳踢、旋踢）的动作，能提供生动而形象的直观演示且演示的速度可以随心所欲地加以掌控，以便详尽地观摩动作的细微变化；同时还可以加深学生对教材的理解和分析动作要领，领会单个动作乃至全套动作的演练特点、劲力、方向、角度等。多媒体教学运用得当，可以丰富教学内容，激发学生的学习兴趣，提高教学效率。可以说，多媒体教学将以多种形式出现在未来的讲台和训练场，为我们的教学训练提供重要助力。

2. 完整教学法与分解教学法

品势是由单个动作和不同的演练路线所组成的，每个动作又因品势的不同而难度各异，因此品势教学常用完整教学法与分解教学法。

（1）完整教学法。完整教学法可以使学生了解单个动作的全貌，形成完整的概念，是主要的教学法之一。它适用于难度不大、结构相对简单、路线相对单一的教学，对专业基础较好的学生也可以采用完整教学法。其缺点是对复杂且难度较大的动作进行教学时，学生因难以掌握动作的细微环节而达不到教学的要求。

（2）分解教学法。分解教学法是将一个动作分解成若干个动作环节进行教学的方法。品势教学中经常运用分解教学法来加强学生对动作细微环节的掌握，使之更好更快地达到动作的要求。当动作的结构、方向、路线较复杂烦琐且节奏变化较多时，运用分解教学法会取得较好的教学效果。但是在运用分解教学法时，不宜将动作分解得支离破碎而影响动作的完整性，应尽快地过渡到完整的动作练习上。

在教学过程中应遵循"完整—分解—再完整"的原则，将分解与完整教学法有机地结合起来，相互补充，使学生既能尽快掌握动作细节，又能了解动作的全貌而学会单个动作直至学会全套品势。

3. 语言教学法

正确运用语言教学法，有助于学生正确理解动作，加快掌握技术要领，培养学生分析问题与解决问题的能力。正确的讲解、启发和提示，能够使学生了解学习任务，端正学习态度，确保教学任务的完成。

（1）讲解。讲解是语言教学法中主要的一种教学形式与方法。讲解时应注意目的明确，通俗易懂，简明扼要，要注意讲解的时机和保证效果。讲解的内容要根据动作的重点不同而有所侧重，如讲解的内容要根据讲解动作的规格与要求、讲解动作的基本规律、讲解动作的易犯错误、讲解动作的重点与关键环节、讲解动作的攻防含义及使用方法、讲解动作劲力的运用方式与方法等有相应的变化。

（2）讲解的方法如下。

①形象化讲解：将品势动作的形态比喻成身边常见的物体或景象，有利于提高学生的学习兴趣，使学生产生联想。

②术语化讲解：品势中的术语是指专业用语，具有简洁易懂的特点，常用术语进行课堂讲解既有利于规范要求，又可以减少讲解时间，把理论知识和实

践结合起来。

③口诀化讲解：将品势的某个动作进行高度概括，采用口诀化的形式来讲解，即对将要进行讲解的动作的语言，总结成简明扼要具有专业特点的词句，既有利于调动学生积极性，活跃课堂气氛，又能促进学生尽快理解与掌握动作。

（3）口令。口令是组织学生、指挥学生的重要手段。在跆拳道品势教学中，每个品势的口令速度基本一样，但次数有所不同。练习方式的不同及学生不同的熟练程度，教师运用口令的轻重缓急也不同，如分解练习时，口令短促而有力，连贯练习时，口令柔和而缓慢。也可以将动作规格要求带入口令中，启发和提示学生应该注意的问题或动作的路线、方向、速度、劲力等。运用口令时要声音洪亮、干脆利落，富有节奏感。

4. 预防与纠正错误法

学生在学习和掌握每个动作的过程中会出现各种错误，对此教师应及时发现并提出解决问题的方法。

学生因接受能力与协调能力欠缺而出现错误时，教师一般采用分解动作、放慢示范速度、多次领做等方法进行纠正；学生因身体能力差而不能完成动作时，教师应耐心地采用降低难度等方法进行纠正，不能挫伤学生的学习情绪；学生因记忆能力较弱，品势动作和顺序出现错误时，教师应反复领做，反复示范，讲解动作内容，将动作前后相关联的动作特征提出来，着重讲解、示范，反复练习，强化学生记忆。教师在纠正错误动作时，要善于发现共性问题，一旦出现共性问题，要组织学生共同讨论，分析问题的因果关系，找出解决问题的方法，借此启发学生思维，培养和提高学生分析问题、解决问题的能力。

5. 练习法

在跆拳道品势教学中，采用练习法可以迅速提高学生掌握动作的速度和准确性。教师根据每个品势的教学任务，有针对性地安排任务和选择练习法，在反复的练习过程中，使学生逐步改正错误动作，掌握正确的动作要领，巩固提高所学的知识，使技术动作形成正确的动力定型。常用的练习法有以下几种。

（1）重复练习法。重复练习法是指在品势教学过程中，将单个动作、分段动作、整套动作重复练习的方法。在练习过程中练习目的要明确，不同的教学阶段、不同任务的难易程度及学生的不同特点，都会对练习的次数、强度、密度及间歇时间提出不同的要求。在练习中要注意避免出现错误动作，一旦发现要及时予以纠正。

（2）变换练习法。变换练习法是指在变换条件的情况下进行练习的方法。

所谓条件是指运动负荷、场地、环境及训练器械等。变换条件主要在于使练习更加符合学生的实际情况及满足教学任务的需要。例如：因动作难度大而放慢动作速度与节奏；因学生疲劳而降低运动负荷；因动作不到位而借助辅助练习来纠正、补充；因比赛需要而改变训练环境、营造比赛气氛等。

（3）综合练习法。综合练习法是指综合地运用某些练习法的特点而组成的练习方法。要根据教学任务的要求，强调练习手段、练习数量与强度、组间间歇及练习程序的科学合理的安排。练习形式一般包括个人练习、分组练习和集体练习，不同的练习形式的综合能促进学生正确掌握动作，提高学生练习兴趣和训练的质量与效果，并能使课堂形式多样而生动活泼。

6. 比赛法

根据教学的任务和要求，在不同阶段，要视情况制定出比赛的内容、要求及评分标准，通过这种教学比赛来加强学生的心理训练，使学生能够在紧张和竞争的情况下正确而顺畅地完成动作演练，全面均衡地发展学生的身体机能水平，提高学生品势的演练水平和适应比赛的能力。采用的比赛形式多种多样，既可以是个人间的一对一比赛，也可以是不同年级、不同性别组成的代表队间的集体比赛。比赛可由教师评判，也可由学生推选代表来评判，或由两者相结合来评判。

（三）跆拳道品势教学步骤

跆拳道的每个品势的动作、路线不同，所表达的意义也不同，每个动作都包含着多个要素，如结构架势，方向路线，劲力方法，节奏起伏及内在的精神、意识、气质等。在教学中应根据运动技能形成的规律和跆拳道品势教学的特点，通过一定的步骤使学生逐步掌握动作。跆拳道品势教学一般可分为以下几个步骤。

（1）使学生掌握动作的运动方向路线。通过教师的正确示范和讲解要领，使学生弄清楚每个动作的方向路线。对于动作的姿势可做一般的要求，反之容易引起学生的疲劳，分散学生对方向路线的注意力，从而降低学生学习的效率，影响教学任务的完成。

（2）使学生形成正确的动作姿势。在学生掌握了动作的方向路线后，教师示范正确的动作，并组织学生反复练习，在练习中不断纠正错误动作，严格要求，强调动作的节奏、姿势和细节，消除动作僵硬、身体不协调等不良反应，使学生初步形成正确的动力定型。

（3）使学生能够完整准确地演练整套品势。教师要根据每个品势的不同动作进行完整的示范，使学生了解并学会动作之间衔接的技巧与方法，重点强调动作协调、连贯完整、劲力顺达。

（4）使学生理解和掌握品势动作的特点、内涵及不同品势的不同演练风格。通过教师对每个品势的性质、意义的深入仔细的分析，进一步完善跆拳道品势的精神、意识与身体动作的结合，体验跆拳道品势刚劲有力的演练风格，使学生的演练真正做到"神形兼备""内外合一""以气催力"，充分展示跆拳道品势技术的风格特点。

（5）通过训练来继续提高与巩固动作质量。要求教师认真组织学生训练，强化动作规格，提高演练水平，使学生在练习中不断纠正错误动作的同时，进一步巩固正确的动力定型。

第五节　跆拳道运动教学详细案例分析

一、案例背景

（一）教学内容

教学内容：提高前踢、下劈技术。

（二）教学目标

认知目标：理解前踢和下劈的技术要领，明确前踢、下劈在比赛中的重要性。

技能目标：通过学练，80% 左右的学生能熟练掌握前踢和下劈技术。

情感目标：培养学生的礼仪、勇敢、认真、向上和以礼始、以礼终的跆拳道精神。

（三）重、难点

教学重点：下劈时小腿下压的速度和力量。

教学难点：下劈时，单脚支撑的身体平衡和重心移动的协调能力。

（四）设计思路

1.教材分析

随着社会的进步，人们生活水平的提高，健身和时尚运动开始走进人们的生活，得到普遍快速的发展。其中跆拳道运动深受青少年的喜爱和青睐。跆拳道是源于朝鲜半岛的一种竞技运动，它利用拳脚展现身体潜在的力量、展现身体的一种美，强调"礼仪，廉耻，忍耐，克己，百折不屈"的精神。

（1）跆拳道是一项健身的智能性体育项目：能强健体魄，能提高人们防身自卫的能力，能培养人们顽强拼搏的意志品质。

（2）一方面，跆拳道简单易练，并且有一套段位认证制度，人们能够根据段位晋级感受自己的进步；另一方面，跆拳道讲究礼仪，长期练习可以培养青少年懂礼貌的好习惯，这一点深受家长的欢迎。

（3）跆拳道练习推崇"以礼始，以礼终"的尚武精神，练习中要以"礼仪，廉耻，忍耐，克己，百折不屈"为宗旨。在跆拳道比赛或实战时，双方队员不仅要斗智斗勇，而且还要通过高超的技艺展示跆拳道技术动作的优势。尤其是跆拳道变化多端、尽现人体机能特点的腿法技术，在对抗中高来低往，表现得淋漓尽致，给人以美的享受。

2. 学情分析

初中一年级学生处于行为规范阶段，学习时精力不够集中，但仍对形象生动、形式多样的学习很有兴趣，因此应引导学生树立正确的学习观。同时初中的学生主观能动性有所欠缺，这也是本案例需要重点解决的问题。在本案例中学习者为初一学生，共32人，此前已经讲过两节跆拳道课程。此时学生已经具备一定的跆拳道基础，但由于多方面因素的影响，部分学生的技术动作比较差，如果只是一味地练习基础，反而会降低这部分学生的学习兴趣，可以让体育骨干带动技术较差的同学，形成合作学习的氛围和习惯，这是本次课程和今后课程研究的重点和需要解决的问题。

（五）教学策略的选择与设计

学习跆拳道是一个循序渐进的过程，一定要把最基本的动作技术打下坚实的基础才能在后期更好地提高技战术水平，切忌急于求成，所以本案例继续对学生进行跆拳道最常用的基本技术——前踢、下劈的教学。

练习跆拳道对人的身体条件要求很高，必须使人的各个关节活动开才可以进行，所以在准备活动中首先可以安排"愿赌服输"游戏，让学生的韧带得到充分拉伸，同时也增加了学生对自己柔韧性的了解。

由于下劈技术相对前踢技术来说比较复杂，对学生的协调性要求很高，为了便于学生掌握，首先，可以采用讲解示范法、分解练习法、预防错误与纠正法，由易到难，由简到繁，循序渐进地进行教学；其次，安排马步冲拳的比赛教学，如此既锻炼了跆拳道的礼仪，也锻炼了学生的上肢；再次，安排击破表演，使学生了解下劈动作在实战中的运用，同时可以活跃课堂的气氛；最后，进行肌肉的牵拉练习，使肌肉得到放松，降低学生的兴奋性。

二、案例呈现

（一）开始部分：教学常规

集合整队、向国旗敬礼、师生行礼、安全教育、宣布本节课的内容。

（二）准备部分

（1）热身运动。学生在跆拳道馆内慢跑并伴随发声，提高学生参与的热情，锻炼学生的反应能力。

（2）专业素质准备活动如下。

①高抬腿、折叠跑、单足跳，为练习前踢做准备。

②柔韧游戏：愿赌服输。

③柔韧练习：坐位体前屈接分腿坐；盘腿前俯；跨栏坐；正踢腿。

（三）基本部分：复习前踢、下劈

为了达到技术动作连贯、协调、平衡的教学目标，在学习过程中打破了以往"讲解—示范—练习"的单一形式，采用了循序渐进、由易到难、层层深入的练习方法。首先，让学生整体复习基础动作——前踢技术动作并伴随发声，提高课堂气氛；然后，由浅入深，练习下劈技术动作，再过渡到踢脚靶练习；最后，进行行进间踢脚靶练习。为突破教学重点、难点，应根据学生不同的错误动作，采用不同教学方法。通过分组练习，可以使学生互帮互学，一步步正确地完成动作，一次次体验成功的喜悦。

（1）教师讲解示范容易发生错误的地方。

（2）可以比较一下学生在练习过程中谁做得最科学。

（3）踢脚靶练习具体如下。

集体练习：师生同练，加强师生互动，提高学生的积极性及教学效率。

分组练习：5～6个人一组并配备学生骨干，练习时相互提醒动作是否到位，相互纠错。

（4）行进间踢脚靶练习如下。

行进间踢脚靶练习，通过前踢、下劈动作的练习使学生在移动中练习跆拳道的技术动作，有利于提高学生的跆拳道水平。

（5）教学展示具体如下。

拳法展示：分两组进行马步冲拳比赛，然后进行学生评价、教师评价。鼓励学生参与评价，打破教师唱独角戏的局面。

腿法展示：找八名技术好的学生做击破表演。

（四）结束部分

（1）放松练习。

（2）对表现好的学生给予表扬，其他的同学给予鼓励并提出希望，然后布置课后作业。

（3）师生行礼再见，然后归还器材。

三、案例评析

此案例体现了新课程标准所提倡的"以学生为主体"的教学理念：把学习活动的主动权交给学生，给了每个学生以充分的选择机会和发展空间，让他们按照自己的爱好和兴趣来确定自己的学习内容和学习方式。

由于学生身体差异较大，活泼好动，为培养学生的主人翁意识和激发他们的学习兴趣，在教学中让学生通过自主选择学习内容和学习方式，从自己的不足练起，分小组进行群体活动，是教学中采用最多的一种形式。学生在小组群体中，人与人之间要进行各种交流，还要互相配合进行各种活动，这实际上是社会中人与人之间交往活动的缩影。

跆拳道项目虽说在竞技场上是一对一的比赛，但在训练和课堂中，单靠一个人是远远不行的。此案例课程让学生在练习中体验互相配合的重要性，使每个学生都体验到单靠个人的力量进行跆拳道练习是不够的，要让学生充分感受自主与合作的乐趣，让学生亲自体验活动的感受。在教学过程中要进行积极的评价，教师在课堂中对学生的主体言行充满激情的真诚赞扬，如"你真行！""踢得真好！""真不错！"等可以让学生在教师的评价中充分感受到成功的自豪感和愉悦的情感。

在教师的引导下进行有目的的分组练习给学生搭建了展示才能的舞台，培养了学生的主动参与意识、自我管理能力和合作精神，使他们能充分享受到学习活动的乐趣。它充分体现了平等、信任、双向情感互动的新型的师生关系，创设了开放、民主的课堂氛围，尊重学生、理解学生和信任学生；从而使学生成为教学过程中的劳动者、求索者和设计者。它是能使师生共享教学乐趣的方法。

第三章 跆拳道运动教学与训练方法

第一节 跆拳道运动教学的主要方法

一、示范教学法

示范教学是学生通过观察教师正确的示范动作并通过视觉感知，来接受技术的最生动具体的方法，是跆拳道运动教学中常用的方法之一。教学过程中通过教师的技术动作示范，学生可以生动形象地了解所学技术动作的结构特征、技术要领和完成动作的技巧等，从而能较快地建立动作表象。同时，标准、协调、优美的示范还可以激发学生的学习兴趣。对示范的要求如下。

（一）示范要规范熟练

教师在做示范时一定要保证动作的质量，做到规范协调、流畅，从动作的运行轨迹、发力顺序到身体的配合等都要做到准确无误。熟练的示范不仅便于学生掌握正确的动作，还可以使学生产生轻松愉快的感觉，激发学习兴趣，避免畏难情绪产生。

（二）示范要具有针对性

首先要针对学生实际情况的需要做示范，不可盲目示范而使学生不知该着重学什么。其次要根据不同的教学阶段、教学目的与任务进行重点示范。

（三）示范方法要具有多样性

根据学生的实际情况和教学的目的要求，灵活选择相应的示范方法，如对于简单的动作或基础较好的学生，可采用完整示范；对于复杂的动作和基础不好的学生，可采用分解示范；为了便于观察，可采用慢动作快示范、快动作慢示范；为了加深对正确与错误动作的认识，可采用两种动作的对比示范等。

77

（四）示范要有利于学生观察

教师的示范应以全体学生都能看得到为原则，灵活选择和运用不同的示范方位、示范速度及示范面。

（五）示范要与讲解、启发学生思维相结合

示范常常结合讲解进行。或先讲解后示范，或先示范后讲解，或边讲解边示范，在示范中可以设计小问题让学生回答，借此启发学生对动作的思考与对比。无论哪种形式的示范，它们总是互为补充、相得益彰的。

二、讲解教学法

讲解教学法是跆拳道教学中经常运用的一种形式和方法，是教师运用语言向学生讲解说明教学任务、动作名称和作用及完成动作的要领、方法、要求等的一种方法。在教学过程中通过语言指导学生，使学生获得跆拳道的相关知识，学习和掌握跆拳道技术技能等。

（一）主要内容

（1）所学动作的名称、要领、要求、运行路线、方向角度、发力要点及对身体各部位姿势的要求等。

（2）所学动作的攻防作用、击打点和不同部位、实战中的时机及运用价值等。

（3）动作的易犯错误。

（4）相关练习方法。

（二）具体要求

（1）对动作的讲解要简明扼要，重点突出，逻辑性强，由表及里。针对动作的关键技术点要加重语气，重点强调，同时要善于运用形象生动的语言来启发、诱导学生，在轻松愉快的氛围中，使学生尽快地理解、掌握动作。

（2）讲解还应根据不同的教学步骤而有所侧重，如横踢，初学时以讲解动作要领要求为主，熟练后则以讲解运用方法为主。讲解应有目的、有针对性地进行，如针对教学内容的重点和难点讲解、针对学生存在的问题讲解等。

（3）做到讲解与示范的有机结合，使看、听、想、练结合，充分发挥学生的视觉、听觉等多种感觉的综合功能，使学生学有目的，练有动力。

三、完整教学法

完整教学法是指从动作的开始到结束，不分段落完整连续地进行教学和练习的方法。完整教学法的优点是能保持动作结构的完整性，容易使学生对动作技术形成整体概念与动作之间的联系。其缺点是对有一定难度的动作不易较快地掌握动作中较难的环节和要素。因此，简单容易掌握的动作和不易分解的动作应多采用完整教学法。对于有一定基础的学生采用这种方法较多。运用完整教学法的要求如下。

（一）突出教学重点

进行完整教学时，要做到重点突出，把握好动作的快慢。这是因为每个动作都有其技术关键点，掌握好这个点，以点带面，其他细节就容易掌握了。同时完整动作的过程相对较长，动作细节较多，速度过快易出现错误动作；速度过慢则容易失去动作的连贯性。

（二）适当降低动作质量

初学时，学生动作完成的质量往往是不尽如人意而错漏百出的，特别是难度较大且复杂的动作，这时在练习中可适当降低质量要求，等学生能较熟练地进行动作的完整练习后，再逐步提高对动作质量的要求，循序渐进，以利于学生较快建立完整动作的条件反射。

（三）与分解练习法相结合

对于难度较大且繁杂的动作应先进行分解练习，等学生对动作的各个环节、要素比较熟悉后，再将分解开的动作结合在一起进行完整练习。

四、分解教学法

分解教学法是把完整动作按其技术结构分成若干段或按身体活动部位分成几部分进行学习，最后掌握完整动作的方法。其优点是动作难度低，便于突出重点，强化了对难度大的动作的学习，有利于加快教学进程。其缺点是有可能养成学生分解练习的习惯，从而妨碍学生顺利地掌握完整动作。分解教学法适用于动作相对复杂而又可分解，但用完整教学法又不易掌握的动作或某部分动作需要较细致学习时。对分解教学法的要求如下。

（一）动作分解要易于连接

使用分解教学法时，划分的部分或段落要易于连接，以不破坏动作的整体结构为原则。应遵循人体的运动规律、动作的结构特征，使分开的动作易于衔接与连贯。

（二）突出分解段落的重点

当完整的动作需要分解教学时，对于划分的段落，要向学生讲明这个段落的动作要点、它在完整动作中的地位与作用以及与其他动作之间的相互联系。

（三）与完整教学法结合运用

在跆拳道基本技术教学中，不应将动作分解得过于细化而撕裂动作间的有机联系，同时较长时间地分解练习，极易养成学生分解练习的习惯而破坏动作的连贯性。只要学生通过分解练习初步掌握动作后，就应尽快地向完整动作练习过渡，以保持动作结构的完整性及动作练习中的快速性、连续性。

五、模拟教学法

模拟教学法是为了不断提高学生的技战术动作在实战中的运用能力和心理承受能力，有针对性地模拟实战中所表现出来的技战术状况和场景气氛等进行练习的方法。模拟教学的主要内容有：模拟主动进攻的技术与战术；模拟防守的技术与战术；模拟反击的技术与战术；模拟各种不同风格、不同特点打法的具体技战术形式；模拟比赛临场情势、气氛及观众情绪等。模拟教学的要求如下。

（一）具有针对性

模拟教学要根据教学任务的需要和学生的实际情况及动作的要求，有针对性地进行练习。模拟的内容可随学生的训练进展情况和效果及时调整，使教学训练的内容、方法与手段最大限度地满足学生的不同需求。

（二）具有真实性

进行模拟教学时一定要强调动作逼真，无论是动作的速度、力量、距离、时机，还是临场氛围、观众情绪以及对学生心理的要求都必须尽可能地贴近比赛或实战，这样才能达到理想的练习效果。

六、预防和纠误法

预防和纠误法是教师为了防止和纠正学生在学习中出现错误动作而采用的方法。在跆拳道教学中，经常要用到纠误法。在学习与练习中，学生出现错误动作是不可避免的，如果让错误动作形成动力定型后再去纠正就会付出更多的精力和代价。因此，对错误动作及时进行纠正和预防是至关重要的。在纠误时，首先要对错误动作进行分析，找出原因，然后根据主要原因选择适当的纠误方法。

（一）产生的原因

（1）学习目的不明确（积极性不高、缺乏信心、怕难、怕苦、怕受伤等）。

（2）技术动作的概念（完成动作的顺序、要领、要求等）不清楚。

（3）能力低，身体素质（特别是灵敏性、协调性）较差。

（4）心理承受能力不好（紧张、畏惧等）。

（5）教学过程中教师组织教法不当。

（二）纠正的方法

（1）提高动作示范和讲解的质量，让学生建立正确的动作概念，清楚完成动作的顺序、路线，动作要领和要求，明确完成动作的技术关键点，建立正确的动作表象，并利用各种诱导性练习、转移性练习和启发性的语言预防和纠正错误动作的出现。

（2）在教学中由于学生的身体素质情况各不相同，因此应根据学生的实际情况，适当降低对动作的要求，同时选择适当的辅助性练习和专项身体素质练习来进行过渡性的练习，弥补差距，为专项技术训练夯实基础。

（3）在进行对抗和难度练习时，要考虑到学生心理可能会产生的惧怕和紧张情况，为此要进行积极的心理诱导训练和适当降低对抗的难度，多采用辅助性练习来消除学生的紧张情绪和畏惧心理。

（4）教师要根据运动技能形成的规律，认真钻研教材教法，提高教学水平，合理安排教学过程，全面细致地了解学生的情况，对可能产生的错误动作要做到心中有数，并根据错误动作的性质有针对性地采用切合实际的教法纠正。

（5）为了避免疲劳的发生，应合理地安排运动负荷和组间间歇，并采用提问等方法集中学生的注意力，提高学生的自控能力，排除和克服外界环境及不良因素的影响。

（三）纠误法的要求

（1）抓住主要矛盾，针对动作的主要错误反复纠正，在学生练习中不断以语言来提示该注意的问题，使学生的练习过程始终处于教师的掌控之下。

（2）纠误时要讲清楚其中的道理，循循善诱，告诉学生产生错误的原因、带来的后果及自我监控、检查动作对错的方法，对动作要多问几个为什么。

（3）当学生形成正确的动作表象后，应及时进行强化训练，以便巩固已形成的动力定型。

第二节　跆拳道运动训练的主要方法

一、分解训练法

跆拳道运动训练中所采用的分解法又可以被进一步分为递进法、逆进法和纯分解法等。下面将对这几种分解法在跆拳道教学中的应用分别进行阐述和分析。

（一）递进法

所谓递进法就是将跆拳道训练分为多个部分，在掌握第一部分之后再进行第二部分的训练，待第二部分掌握后再将其与第一部分结合在一起来进行训练，当掌握第一部分和第二部分后，再将其与第三部分结合在一起进行训练，依此类推，通过这种递进式的教学方法，最后掌握所有部分的内容。例如，在跆拳道训练中进行横踢练习时，应先对提膝技术进行学习，等掌握提膝技术再学习提膝和转体的技术，然后再将提膝、转体和弹收这三个技术结合在一起进行训练，最终掌握整个技术。递进式的训练方式对于其中的衔接过程有着严格的要求，不可跳过第二部分直接学习第三部分。

（二）逆进法

所谓逆进法也是将跆拳道训练分为多个部分，但它先进行最后一部分的训练，然后逐渐地将前面的部分加入其中，直到学生掌握所有的训练内容。例如，在横踢训练过程中，可以先训练最后的弹收技术，待学会弹收技术之后，再逐渐地将转体技术和提膝技术慢慢地加入其中，最终使学生掌握整个横踢技术。逆进法的特点在于其进程和技术动作与递进法正好相反，这种方式比较适用于关键部分的动作训练。

（三）纯分解法

纯分解法就是对分成多个部分的跆拳道训练内容分别进行学习和训练，直至最后掌握每个部分的内容，然后再对其进行综合性的训练。例如，在训练横踢技术时，先对提膝、转体和弹收这三个技术动作分别进行训练。学生对这三个技术动作分别掌握之后再有横踢技术的完整训练。纯分解训练法的特点在于不必对训练的顺序进行特别的要求，教师可以针对学生们的薄弱部分进行着重的教学和练习，实现因材施教的目的。

高校跆拳道教师应该充分意识到，高校学生与专业跆拳道运动员有着很大的区别。对于大部分高校学生来说，他们的空间感和协调性都十分有限，如果不采用分解训练的方式，他们很难真正掌握跆拳道技术。所以跆拳道教师应该在跆拳道课程开始前，对各个跆拳道技术动作进行合理的分解，并对动作的结构、环节以及分解后的动作之间的顺序进行明确。要在不破坏动作特点的前提下对各个阶段进行合理划分，确保发力的特点和顺序是正确的。要通过对分解训练法的合理应用，来形成正确的技术动作训练路线，从而形成固定的动作，进而提升跆拳道运动的教学质量和效果。

二、完整训练法

完整训练法是指从技术动作或战术配合的开始到结束，不分部分和环节，完整地进行练习的训练方法。运用完整训练法的作用：便于运动员完整地掌握技术动作和战术配合；保持技术动作和战术配合的完整结构和各个部分之间的内在联系。

三、重复训练法

重复训练模式是指多次重复同一练习，两次（组）练习之间安排相对充分的休息的练习方法。通过同一动作或同组动作的反复练习，不断强化运动员的条件反射过程，有利于运动员掌握和巩固技术动作。另外，通过相对稳定的负荷强度的多次刺激，可使机体尽快产生较高的适应机制，有利于运动员发展和提高身体素质。在跆拳道训练中，重复训练法是最基本的训练方法之一，它可以应用于每一个身体训练、技战术训练之中。按单次练习时间的长短，可将重复训练法分为短时间重复训练法、中时间重复训练法和长时间重复训练法。

（一）短时间重复训练法

短时间重复训练法可以最大限度地提高运动员肌体的高能磷化物系统的储能和供能能力，最大限度地提高运动员完成专项技术动作相关肌群的收缩能力和爆发力。此方法可用于强化单招和组合技术的速度和爆发力。运用时一般采取极限强度的训练方法，一般练习的时间控制在 30 秒钟内，每一组练习的负荷强度要保持相对稳定，突出负荷强度大、动作速度快、间歇时间充分的特点，如 10 秒钟的快速横踢腿练习、10 秒钟的规定技术组合练习等。

（二）中时间重复训练法

中时间重复训练法可以最大限度地发展运动员机肌的乳酸能系统的储能和供能能力，也就是说可以最大限度地发展运动员在完成技战术时肌肉收缩的速度耐力和力量耐力，提高运动员在乳酸能供能状态下的耐酸能力。一般练习的时间控制在 30 秒～3 分钟，负荷心率应达到 170～190 次 / 分钟，组间休息要充分，练习的组数要因人而异，如 2 分钟的反应打靶练习，重复练习数组。

（三）长时间重复训练法

长时间重复训练法可以提高运动员的有氧和无氧混合代谢能力，提高运动员在有氧和无氧代谢条件下的速度耐力和力量耐力以及运动员在完成技战术过程中的抗疲劳能力。练习时间控制在 3～6 分钟甚至更长时间，每组练习完要有充分的休息时间，如 5 分钟一组的条件实战练习，重复练习数组。

四、间歇训练法

间歇训练法是指对多次练习时的间歇时间做出严格规定，使肌体处于不完全恢复状态下反复进行练习的训练方法。间歇训练法可分为三种类型：高强性间歇训练方法、强化性间歇训练方法和发展性间歇训练方法。

（一）高强性间歇训练法

高强性间歇训练法可以发展运动员肌体的高能磷化物系统与乳酸能系统混合供能能力，强化腿法技术及组合技术的突击性攻击效果，适用于速度快、爆发力强、持续时间较短、对抗较激烈的攻防技战术训练。在训练实践中运动员负荷强度应控制在接近练习者负荷强度的最大极限，其心率指标应在 190 次 / 分钟以上；负荷时间应较短，控制在 10 秒～1 分钟；间歇时间应不充分，待心率降至 140 次 / 分钟左右（休息 30～40 秒）开始下一次练习，根据运动员的训练水平确定练习组数。

（二）强化性间歇训练法

强化性间歇训练法可以发展运动员肌体乳酸能系统的供能能力，提高运动员在激烈对抗和困难的比赛条件下技战术动作的稳定性及实效性，提高肌体耐酸能力。强化性间歇训练适用于高强度、高密度的攻防技术训练。在训练实践中运动员的负荷强度应控制在练习者最大负荷能力的 90% 以上；心率应控制在 170～180 次 / 分钟；负荷时间控制在 1～4 分钟，待心率降至 120 次左右进行下一次练习。例如，进行一人对多人的车轮战，规定打 5 局，每局 3 分钟，局间休息 30 秒钟。

（三）发展性间歇训练法

发展性间歇训练法是发展有氧代谢系统供能能力、有氧代谢下运动强度以及心脏功能的一种重要训练方法，适用于跆拳道技术中步法、腿法等技术的组合训练。此方法应用在训练实践中，运动员的心率控制在 160 次 / 分钟左右，负荷时间在 5 分钟以上，待心率降至 120 次 / 分钟开始下一次练习。

五、变换训练法

变换训练法是指变换运动负荷、练习内容、练习形式以及条件，以提高运动员的积极性、适应性及应变能力的训练方法。变换训练法是跆拳道训练中常用的方法之一，按其内容可分为三种，即负荷变换训练法、内容变换训练法和形式变换训练法。

（一）负荷变换训练法

负荷变换训练法可用于身体素质训练，也可用于技战术训练，应用时要根据跆拳道比赛的特征，结合重复、间歇等训练方法在不改变技术动作外形的前提下，通过变换练习强度、次数、时间、组数以及间歇时间和形式等来满足专项训练的要求。

（二）内容变换训练法

内容变换训练法可使运动员各种身体素质、各种技术和战术的攻防训练得到全面的发展，应用时，练习的动作结构可为变异组合，也可为固定组合，如变换素质练习、变换技术练习、变换战术练习和变换技术和战术动作配合练习等。变换的核心是要围绕着练习的性质，要符合专项训练的特点及运动竞赛的客观规律。

（三）形式变换训练法

形式变换训练法的作用是在不同形式的训练作用下，提高运动员的训练兴趣，提高训练课的质量，高效率地完成训练任务。形式变换的内容主要有环境变换、时间变换、内容变换、组织形式和训练气氛的变换等。通过多种形式的变换使各种技术衔接起来，提高运动员训练的积极性，使运动员全身心地投入训练中，提高运动成绩。

六、循环训练法

循环训练法是指根据训练的具体任务，将练习手段设置为若干个练习站，运动员按照既定的顺序和路线，依次完成每站练习任务的训练方法。循环训练法是将其他训练法综合运用进行练习的组织方式，按照组织练习的间歇负荷特征，可以将循环训练法分为三种，即循环重复训练法、循环间歇训练法和循环持续训练法。

（一）循环重复训练法

循环重复训练法应用在跆拳道训练中，重点是发展运动员的速度素质和力量素质，提高运动员在高强度情况下运用技战术的能力。在训练实践中常常将技术动作训练、身体素质训练和能量代谢系统的训练结合起来，进行综合性的训练。这种练习的负荷强度最大，因此每站间的间歇要充分。

（二）循环间歇训练法

循环间歇训练法的练习负荷量较大，但每站练习后的间歇时间较短，在运动员的肌体处于不完全恢复的状态下就进行下一站的练习。这种训练法方法的目的是提高乳酸能系统供能能力和无氧、有氧混合供能能力，提高速度力量、速度耐力和力量耐力以及运动员在疲劳状态下完成技战术的能力。在实践中常把大强度的技术练习与身体练习配合起来进行训练，如先进行1分钟的反应打靶练习，然后完成腹肌、背肌练习各30次，完成后再进行两人一组的条件实战（1分钟），最后再进行蹲起横踢练习30次。上述练习内容组间休息为5～10秒钟，完成四个练习内容为一大组，大组间休息时间的设置要与比赛局间休息相近。

（三）循环持续训练法

循环持续训练法是按照持续训练法的要求，各组之间不安排间歇时间，用较长的时间连续进行练习的方法。这种训练方法在跆拳道中主要用于发展一般耐力、力量耐力及专项耐力，从而提高技战术之间的衔接能力。例如，在技术训练时，安排6个练习站，依次是横踢、前腿横踢、双飞踢、下劈踢、后踢、后旋踢六种腿法空击或打靶练习，循环数组。

七、比赛训练法

比赛训练法是指在模拟真实的比赛条件下，按比赛规则和方式进行训练的方法。比赛训练法是检验运动员体、技、心、智各种竞技能力的有效手段，也是提高运动员训练与比赛相衔接能力的重要训练方法。按比赛的性质可将比赛训练法划分为四种，即教学性比赛方法、检查性比赛方法、模拟性比赛方法和适应性比赛方法。

（一）教学性比赛方法

教学性比赛方法是指在训练条件下，根据教学的规律或原理、专项比赛的基本规则或部分规则，进行专项练习的方法。教学比赛可以是本队内部的对抗也可以是兄弟队伍之间的对抗，比赛时可以进行针对性的条件限制，也可以进行正式的竞赛。通过教学比赛可以激发运动员的训练激情，激发运动员的竞争意识，挖掘运动员的潜力，检验运动员阶段性的训练成果。

（二）检查性比赛方法

检查性比赛方法是指在模拟真实的比赛条件下，严格按照比赛规则，对赛前训练过程的训练质量进行检查的训练方法。在训练实践中，教练员可通过此方法检查运动员的运动成绩、训练水平、技术质量影响因素、技术和战术水平等，通过检查性比赛方法寻找训练中的不足以及失败原因，然后进行有针对性的改进，提高专项竞技水平。

（三）模拟性比赛方法

模拟性比赛方法是指在训练的条件下，模拟真实比赛的环境或对手，并严格按照比赛规则进行比赛的训练方法。通过模拟对手可以对对手的打法、技术特长等有一个预期的适应，找出对手的弱点，并有针对性地制定相应的战略战术，做到"知己知彼，百战不殆"。

通过模拟训练环境可以有意识地提高运动员排除不良因素干扰的能力，形成稳定的心理状态，为参加重大比赛奠定基础。

（四）适应性比赛方法

适应性比赛方法是指在真实的比赛条件下，力求尽快适应重大比赛环境的训练方法。适应性比赛是在真实的比赛环境下进行的，在适应性比赛中要制订一套完整的方案，包括赛前准备、赛中实施和赛间调整等。在跆拳道比赛中，赛前准备包括场地的适应、环境的适应、比赛时间的适应等几方面；赛中实施包括运动员对所能出现的不良因素的排除；赛间调整包括运动员对影响比赛不良因素的调节和自己已有良好状态的发挥等。

第三节　跆拳道运动技战术内容及主流技战术

跆拳道是一项以用脚踢、踹为主，用手击打为辅进行格斗的体育项目，备受韩国人喜爱，被其视为国技。技战术是技术和战术的统称。技术是指知识技能和操作技巧，是形成战术的基础。采用技战术是为了利用自身优势、保护自身弱点。

一、技战术内容

（一）技术

跆拳道技术在第三章第一节已有讲述，这里不再赘述。

（二）战术

跆拳道战术是指在比赛中根据双方临场的实际情况，充分发挥自己的特长，限制对手的长处，为战胜对手而采取的计策与方法。

在跆拳道比赛中，紧张激烈的一对一对抗，始终进行着发挥与反发挥、限制与反限制的争斗，比赛双方为力争主动、取得比赛胜利，总是通过合理有效的战术行动来实现的。一方面扬己之长，避己之短，即充分发挥自己的优点与特长，弥补自己的不足与短处；另一方面，抑彼之长，攻彼之短，即限制对方的长处，扩大并利用其弱点。跆拳道战术是跆拳道运动的灵魂。

二、主流技战术

（一）主流技术

按照技术形式划分，跆拳道的基本技术可以概括为三类，即进攻技术、防守技术和防守反击技术。下面主要讲进攻技术与防守技术。

1. 进攻技术

跆拳道的进攻技术由手的技术和腿的技术组成。

（1）手的技术。手的技术是跆拳道技术的基础，在跆拳道比赛中可以使用的手的进攻技术只有一种（正拳击打），这里重点介绍拳的进攻技术。在学习拳法技术之前，我们要先了解一下拳法的发力顺序。在拳法的发力过程中，腰、腿和肩的作用是很大的，也就是说，冲拳的同时要借助蹬地、转腰、送肩、旋臂的力量，只有这样，才能将身体的力量集中在一点，从而发挥拳法的最大威力。

（2）腿的技术。跆拳道的表现形式是以腿法为主的，被人们称为"踢的艺术"。腿的技术是跆拳道技术中的主要技术，也是跆拳道进攻技术的重点。

2. 防守技术

进攻与防守是矛盾的，也是相生相克的，但它们都是跆拳道技术中不可或缺的。一名高水平的跆拳道运动员除了要掌握娴熟的进攻技术外，还要熟练掌握防守技术。只有建立稳固有效的防守意识，化解对手的进攻，才能在防守的基础上反击对方，达到战胜对方的目的。

在跆拳道比赛中，防守技术主要分为两类，即接触式防守和非接触式防守。接触式防守包括两种形式，即格挡防守和截击防守；非接触式防守包括两种形式，即利用距离防守和利用角度防守。

（1）接触式防守。在跆拳道比赛中不允许使用抓、推、抱、摔、夹等方法防守，但可以利用手臂或手刀去格挡。格挡技术按其方向可分为向上格挡、向下格挡、侧格挡和阻挡四种。另外，截击防守也是接触式防守中常用的技术。

（2）非接触式防守。非接触式防守是指利用步法或身法的移动，来改变双方之间的距离和角度，使对方进攻动作不能有效地接触到目标的一种防守方法。

（二）主流战术

1. 技术战术

技术战术是指在没有虚晃或假动作的掩护下，直接使用动作方法进攻对方的战术。它要求运动员具有技战术全面的特点，并能娴熟灵活地运用自如，善于变化使用各种技术动作，发挥得意技时单刀直入，不给对手喘息的机会，牢牢地掌握比赛的主动权。使用技术战术的时机、条件如下：当自己的反应速度、动作速度、位移速度强过对手时；当对手的防守反击技术欠缺或熟练程度不够时；当对手体力明显不足时（特别是最后几轮的比赛）；当对手在防守上或动作转换中出现空隙破绽时；当自己比分落后而比赛时间所剩无几时。

2. 强攻战术

强攻战术是指使用动作硬性突破对手的防守后发起进攻的战术。采用强攻战术，目的在于扰乱和破坏对手的心理平衡、战术准备和距离感，于乱中得分取胜。但强攻技术的猛冲猛打并不是盲目蛮干，而是通过这一战术手段，充分发挥自己的长处以实现击打对手的目的。使用强攻战术，要确认自己在身体素质如力量、速度、耐力等较对手强而技术稍逊一筹，同时也因自己的比赛经验欠缺不能与对手在比赛技巧方法上一较高下时采用。强攻战术对于心理素质较差的对手具有很大的威慑作用，它能够使对手不敢轻易发动攻势或近身逼打，客观上起到了防守作用，减轻了压力，放慢了比赛节奏，从而使自己有时间、有机会去思考更有效的攻击方法与手段，从而使攻防技战术发挥最大的效果。

3. 假动作战术

假动作战术是指有目的地造成对手的错觉，把对手引入歧途，实现真实进攻意图的一种战术。其实质就是利用身体、步法、表情的假动作来迷惑对手，达到调动对手的目的，在对手的运动过程中寻找破绽予以攻击。一般将其分为以下几种。

（1）身体假动作是指利用身体的动作来引诱、迷惑、调动对手。例如：有意暴露身体的某一部位，引诱对手进攻，而自己则采用预先设计好的动作迅速反击；利用身体前后左右的虚晃，调动对手，促使对手产生某种反应而改变原有的防守姿势，然后果断攻击。

（2）步法假动作是指利用步法的移动来调动对手，分散对手的注意力。例如，先使用后撤步来调动对手，引诱其向前进攻，自己则迅速以后踢迎击。

（3）表情假动作是指利用眼神或面部表情来迷惑对手，使之受骗上当。例如：利用眼睛，视左击右，视上击下等；故意抚摸身体某一部位，伪装受伤，骗其攻击，然后根据对手的不同反应，采取相应措施，迅速予以反击。

4. 反击战术

反击战术是待对手发出攻击动作后，在防守后及防守中给予对手反击，或不防守直接进行反击的战术。反击战术在对抗格斗类运动项目中历来备受推崇，讲究"以静待动""后发先至"，这是因为采用主动进攻需要改变原来的实战姿势，这就有可能因改变身体某一部位的位置而暴露出防守上的空隙和薄弱环节，给对手以可乘之机，而如果能在防守的同时进行反击，甚至直接抢攻或迎击，则能避免出现上述弱点，弥补其不足，争取比赛的主动权。应对情绪急躁的对手，反击战术无疑是最佳选择，可以采用各种技术动作来挑逗、刺激对手，使其更加急躁，自乱阵脚，为反击创造有利条件。选择反击战术要在双方对峙中有着充分的思想准备、正确的判断、敏捷的反应和快速果断的击打，这样才能确保反击质量，提高反击的成功率。

5. 限制战术

限制战术是指采用相应的技战术方法，限制对手技战术特长发挥的战术。每一个运动员都拥有自己的技术特长或身体具备某一方面的优势。这种技术特长或身体优势是运动员得分取胜所依靠的主要手段。在比赛中要针对对手的特长优势制定相应的克制战术，使其特长和优势不能正常发挥，迫使其改用其他技战术动作，这无疑将对手置于一个完全"陌生"的比赛情势中。它能够打乱其阵脚，干扰其心智，破坏其技战术意图，使其无法组织有效的进攻与防守。在使用这种战术时，要求运动员本身具有较全面的技战术能力，有足够多的技战术动作储备以应对不同类型运动员的不同技战术风格，并能在瞬息万变的比赛中视情况运用，视情况变化而不拘一格。

6. 击弱战术

击弱战术是指集中力量专门针对对手的技战术弱点或身体部位的薄弱环节进行重点攻击的战术。每个运动员都有自己的特长与优势，也存在着不同程度的弱点与劣势，即使是一个最优秀的运动员，同样也是如此，只不过他的特长与优势太突出，弥补了自己的不足，或是善于利用自己的特长与优势来隐藏弱点与劣势而不易被人发现而已。因此，在比赛中要善于透过现象看本质，从对手的行为中发现其弱点与劣势，采取相应的技战术手段，抑其长，攻其弱，迫使对手处于想打的无法打、想防的又防不住的无奈中。寻找对手的弱点与劣势，依赖于赛前对对手的充分了解和赛中的仔细观察。可以在赛前对对手的各种信息如技战术特点与风格、擅长动作、习惯动作、体能如何、是否受伤、心理素质、情绪状态等进行详细了解；可以通过以往比赛的录像或回忆来分析比较；也可以通过对手与他人的比赛来观察对照。通过对收集到的各类信息进行综合分析，更为重要的是在临场比赛中对对手的直接观察、亲身体验，迅速对对手的优缺点做出判断，及时调整自己的技战术手段，攻击对手的弱点与薄弱环节，在不断的变化中实现自己的技战术意图，确保比赛胜利。

7. 得意技战术

得意技是指自己掌握熟练、运用自如、成功率高且新颖独特的攻击技术动作。而得意技战术是指充分利用自己的得意技不断进攻而得分获胜的战术。运用得意技战术，首先要通过不断变化、更新来丰富自己的得意技动作，避免单一、重复使用某一种技术，而使对手摸清自己的得意技使用规律；其次要不断提高得意技的动作质量和在不同情况下正常发挥的能力，确保成功率，只有这样才能使得意技名副其实，才能让对手产生畏惧心理且防不胜防；最后得意技的组合搭配要合理，对不同的击打部位、目标要有几种不同类型的动作表现形式，以适应不同击打目的的需要，也是针对不同技战术风格特点对手的需要，更是技战术变化的需要，其目的是让对手琢磨不透自己的技战术规律、意图，无法跟进与变化，总是在自己的不断变化中无所适从而陷入被动，失去比赛的主动权。

8. 心理战术

心理战术是指通过某些特定的方式、措施，造成对手心理上的压力，进而引发其技战术思维紊乱，最终取得比赛胜利的战术。心理战术形式多样而富于变化，如赛前隐瞒实力而麻痹对手、故意露出破绽而造成对手错觉、激怒对手以扰乱其心智、示弱或伪装受伤以松懈其斗志等，都是从心理上干扰对手心智的有效方法。同样，所有的战术形式或多或少都在不同程度上具有心理战术的因素，其目的就是在比赛中迫使对手产生紧张、急躁、恐惧、慌乱、气馁等不利于比赛的心理情绪，使之失去比赛信心，最终导致比赛失败。

跆拳道战术丰富多彩，在比赛中有时是以单一的战术形式出现的，有时则是以多种战术综合运用的形式出现的，无论以哪一种形式出现，都要注重战术的实用性、有效性和灵活性，都要遵循跆拳道技战术的规律和竞赛规则。同时，战术的灵巧多变要有针对性，否则，战术形式多样但华而不实，没有针对性，形式再多，也不能取得实际的攻击效果，也就无法取得比赛的胜利。

三、技战术训练方法

（一）技术训练方法

跆拳道技术训练，包含着基本动作的基本技术和基本动作的运用能力两个方面的内容。无论是提高基本动作的质量，还是提高其运用能力，作为一个有着天然联系、不可分割的整体，从训练方法上来讲是不能分开的。从动作要素到技术要素，都一定是围绕着实战而进行的，只是在实战这个整体构架下的各个环节，其训练方法有着不同的实施过程而已。动作要素训练侧重于基本动作的规范、质量与熟练程度，技术要素训练则侧重于实战中的运用与变化。侧重点不一样，训练内容就会随之改变。动作要素训练的内容侧重于掌握基本动作的合理性，技术要素训练的内容侧重于基本动作在比赛实战动态条件下运用的有效性。跆拳道技术技能训练所采用的方法应本着从易到难，从分解到完整，从简单到复杂，从个人操控、模拟操控、条件实战到比赛实战对抗这样一个循序渐进的原则进行。

1. 自我练习

在充分了解和熟练掌握动作要领后，多采取原地反复练习的方法来不断强化、巩固正确的动作，可以面对镜子，边练习边检查，重点体会动作的运行路线、方向、角度、用力技巧与击打的准确性，对动作的力量、速度暂不做强调。在练习中要及时发现并纠正错误，特别要防止动作击打前出现预兆，尽量在提高动作隐蔽性的前提下逐步加大练习的强度和密度。通过这种反复练习，不断强化运动员的动作意识，使之形成正确的动力定型。

2. 结合步法练习

在经过不断强化原地练习并掌握了动作规范之后，应结合相应步法进行单个动作的练习。其目的是使运动员能够保持在动态中的平衡和提高行进间完成各种攻防动作的能力。训练的重点是促使身体各部位的协调配合、完整一致。可采用先移动再进攻，或进攻、移动再进攻等方式进行，保证快速、隐蔽、准确地完成各种攻防动作。

3. 空击练习

空击练习是假设想象对手运用某种攻防方法或身体所处状态，从比赛实战需要出发，根据自身实际情况，选编一组或几组进攻与防守反击的打法，进行徒手空击练习。空击练习不仅能有效地提高和巩固掌握技术动作的熟练程度，还能使神经传导通路，即"感觉器官—传入神经—运动中枢—传出神经—肢体运动"这复杂的信息传递过程得到改善和加强，提高反应能力和动作速度。空击练习可根据掌握技术的程度和不同的训练要求而分阶段、分步骤来实施。单个技术动作空击：通过对某一种攻防技术动作（腿法或防守动作）结合步法的反复练习，来提高动作质量和掌握技术动作的水平。组合技术空击：将进攻和防守的动作运用方法串联成组合形式进行反复练习，来提高组合技术运用的协调能力及动作间的衔接转换速度。随机组合空击：借助想象来假设对手将要采取的各种行动，运用随机组合的技术动作，进行想象中的攻防练习，来提高技术动作的运用能力和临场应变能力。

4. 相向空击练习

相向空击练习是指两人间隔一定的距离（以不接触为标准），面对面进行攻防练习的方法。它要求双方运动员要视对手的反应做出与之相对应的合理反应。其特点在于双方并无身体接触，因而给双方运动员的技战术动作无限自由发挥的空间，能够放开大胆地去做自己想要做的动作，特别是一些难度较大或创新的技战术动作，使之能够在这种反复的练习中，接受不断的检验而逐步提高，日臻完善。其目的是培养运动员的观察力、判断力，提高运动员辨别、掌控时机的能力和快速果断的反应及反击能力。它采用的形式可以是一攻一防的练习，可以是互为攻防的练习，也可以是根据训练需要而指定或自由进行单个或组合技术动作的进攻、防守、反击的练习。无论哪种形式的练习，由于双方身体不接触，因此完成动作的速度、力量要按比赛实战的标准去要求。

5. 踢靶练习

踢靶练习是跆拳道技术训练中的重要方法与手段，是为提高运动员某种技术动作（单个或组合）的运用能力，由教师或队友依照规定的方法给运动员递靶进行反复强化训练的练习方法。它要求运动员必须按照出靶的具体情况做出与之相对应的攻防动作，借此来提高对各种情势的反应速度并建立稳固的条件反射，直至动作技术完全自动化。按靶的类型可分为踢击脚靶和护具靶；按练习形式可分为踢击固定靶和活动靶；按练习要求可分为技术靶、战术靶和素质靶。不同的类型、不同的练习形式、不同的练习要求都有不同的目的。

脚靶练习与护具靶练习都具有提高技术动作质量并使之达到自动化的作用，其差别在于两者的距离感。当运动员在踢击这两种靶时，由于人对距离的判断，总是以较大物体作参照物，所以长时间的脚靶或护具靶练习，易造成运动员对距离判断的误差，因此，这两种靶要交替使用，尽可能地减少误差的产生。

进行固定靶练习主要是提高技术动作的击打力度和耐久性；进行活动靶练习主要是提高运动员的反应速度、距离感和击打的准确度。

技术靶是通过踢靶来体验和规范单个动作或组合技术的练习方法，它可以通过原地练习来提高动作质量或击打速度或击打力量；也可以通过行进间的移动练习来提高技术动作在运动中的运用能力等。

战术靶是根据假设情况有针对性地进行练习的方法，它是以培养战术意识、提高战术能力为目的的，如以调动对手为目的的练习、以模拟对手为目的的练习等。

素质靶是以提高动作速度、击打力量和专项耐力等为主要目的的练习方法。例如，单位时间内完成某一动作的数量或一定数量的动作在规定时间内完成的练习（速度靶）、在一定时间内尽全力完成一定数量的踢击练习（力量靶）、较长时间的单个或组合动作踢靶的重复练习（耐力靶）等。

6. 条件实战

条件实战是指有一定条件限制的实战练习方法。这是由基本技术、组合技术向比赛实战运用技术过渡的必由之路，同时也是根据阶段训练内容、任务以及为提高运动员的某种能力而设置的一种常见的训练手段。例如，为提高一方对横踢的防守技术，规定另一方只能以横踢进攻；为提高一方的后撤反击能力，另一方必须向前攻击等。在这个过程中，还可有目的、有意识地根据运动员的身体条件或技战术特长，培养、提高和巩固他们的得意技，形成绝招等。条件实战具有较强的针对性，对提高各类技战术动作的运用能力有着至关重要的、不可替代的地位和作用，是进行实战训练的基础。

7. 实战练习

实战练习是指严格按照规则的要求，在近似比赛的条件下运动员之间进行的实际对抗训练。实战是检验运动员一切技战术动作的运用能力及其实效性的唯一标准。它既能全面检验以往各种训练方法的训练成果，又能在实战环境下对运动员在智能、技能、体能、心能（心理能力）等各方面存在的问题进行诊断，为比赛和今后的训练提供真实详尽的第一手资料。实战练习从训练方法与手段上来讲，最能满足一切从实战出发的客观条件，使运动员能够直接感受到实战动态变化的真实情况，并能根据这些变化，构建和完善自己的技战术体系，形成牢固的运动动力定型。值得注意的是，过多的实战练习，运动员容易产生运动损伤和厌战的心理障碍；过早地进行实战练习，技术动作易变形，不利于改善动作技术。

不同的训练方法有不同的作用，应根据运动员的实际能力与水平以及训练的目的、任务、内容，将各种训练方法交替进行且有机地结合，科学合理地安排，才能达到预期的训练效果。

（二）战术训练方法

1. 假设训练

假设训练是指利用丰富的想象来设计对手不同的技战术打法，自己则运用相应的打法的练习形式。它要求运动员精神高度集中，有一种身临其境，面对对手的实战态势，通过假想对手采用的各种打法，来确定自己的技战术行动，这种行动可以是主动进攻，也可以是防守反击。在假设训练中，可以是一个战术动作形式的反复练习，也可以是多种战术动作形式的变化练习；可以是单个动作练习，也可以是配套动作练习。无论采用哪种练习形式，都应根据比赛实战的需要和自身的战术能力水平而定。我们可以设想比赛实战中的各种情势进行想象空击，也可以面对沙袋、假人等目标进行假动作和闪躲进退的反击练习。这种想练结合的练习方法，主要目的是培养战术意识和掌握各种战术方法的具体用法。

2.配合训练

配合训练是指由教练员或队友配合，一方按规定的攻击动作进攻，另一方采取相应的战术动作反击的重复练习的训练形式。在训练中应由易到难、由简到繁、由慢到快，循序渐进，从相对静态的原地练习，逐步过渡到能够在移动中灵活自如地实施战术动作；由固定、单一的进攻到一种进攻多种打法的变化，有序地层层深入，不断加大练习难度，提高各种战术动作的熟练程度和运用能力。

3.模拟训练

模拟训练是指由教练员或队友根据不同对手的情况进行模仿而采取的具有针对性的专门训练方法。模仿不同类型、不同风格特点的对手，如模仿主动进攻型的对手以提高自身的防守反击能力；模仿防守反击型的对手以提高自身的突破能力和调动能力；模仿力量型的对手以提高自身的抗击打能力；模仿善踢高腿的对手以加强对头部的防范意识；模仿步法灵活的对手以改善自身的灵敏协调能力和提高在移动中寻求战机突然攻击的能力。比赛是紧张激烈、变化万千的，同一对手在不同场次的比赛中会表现出不同的竞技状态和技战术能力，特别是在技战术运用的方法上，更有不同的变化（即使是同一种技战术动作）；同时不同的比赛环境如气氛、灯光、场地条件、器材、观众的情绪及喝彩声等都会引起比赛双方在心理上的变化，进而扰乱双方的心智，影响技战术水平的正常发挥。因此，在模拟训练中要求模仿者动作逼真，尽可能地演示出比赛实战的真实情势，逐渐增加训练难度和有目的、有针对性地改变比赛环境，以提高运动员在比赛中战术动作的适应能力、运用能力和应变能力。

4.再现训练

再现训练是指通过观看比赛录像，选择典型战例，再现其战术特点和运用方法并对其进行综合、分析及判断的训练方法。战例选择应是多方面、多层次的，既要选择成功的战例，又要选择失败的战例，借助声像再现，直观地去分析、研究自己或他人的战术特点、运用方法及出现的问题，培养运动员的综合分析与判断能力，提高运动员的战术能力与质量，使之在制订战术预案中能够做到心中有数，有的放矢，可以根据对手的实际情况准备几套行之有效的战术方案与实施方法，在比赛中视情运用且变化灵活，使战术的目的更加明确，更具针对性。

5.条件实战

条件实战是指根据战术训练的需要，在规定使用的技术、战术动作范围内进行的对抗战术训练。条件实战虽有实战的因素，但其目的不在胜负，无论其训练内容如何界定与限制，其主要是训练和培养运动员的战术意识和战术运用能力。进行条件实战训练时可根据其任务和内容做一些规定与要求，如初期的条件实战训练，为了使双方能够灵活地运用技战术动作，防止受伤，可以规定点到为止或只限于一次进攻与防守反击，不允许连续进攻反击；或规定击打部位和反击的方式；或规定只能使用某一种进攻方法和与之相对应的反击方式；或在教练员的监督指导下进行练习，教练员视情况变化而随时暂停，帮助双方运动员分析、纠正战术运用中出现的问题并指出其正确与否。条件实战应由易到难，循序渐进，待战术训练到一定程度后，可安排不同打法特点的运动员，轮流互换对手进行条件实战练习；或安排一个运动员轮战几个不同打法特点的对手；或不断提出新的不同的任务与要求，有目的、有计划地变换训练场景，营造不同的实战氛围，来训练和提高运动员的战术应变能力。

6. 实战比赛

实战比赛是指按照比赛规则的要求与规定，在比赛的条件和环境下，通过实战对抗来训练和培养运动员运用战术的能力，丰富运动员临场比赛经验的训练方法。在训练中也可根据从难、从严、从实战需要出发的原则，安排有特定条件的实战比赛，如不同体重、不同性别、不同技术水平的对手间进行的实战比赛，重点训练较弱的运动员；或在一场三局的比赛中，一人每局轮战一个不同技战术特点的对手，借此来提高和训练运动员战术的合理运用及应变能力。实战比赛是训练和检验战术运用实际效果的最有效手段和唯一标准。同时在每次实战比赛训练后，应及时进行总结，养成研讨战术的良好习惯，树立牢固的战术观念，通过总结、分析，找出问题所在，制定相应的整改措施，以利于今后的训练，并在比赛实战中贯彻实施。

四、技战术训练要求

（一）技术训练要求

1. 不断减少训练中的技术错误

跆拳道运动员在平时的训练过程中，面对庞大的技术体系，复杂的操作过程，动态对抗的条件反射，出现动作不规范的错误，出现观察、判断、选择战机、选择动作、选择部位等方面的错误是客观存在的。跆拳道技术训练的任务，在某种程度上就是要通过减少或者消灭运动员出现错误来完成的，错误越少，运动员进攻或者反击的成功率就越高，错误越少，运动员正确的条件反射能力的建立就越快。跆拳道技术训练的过程就是一个不断减少错误的过程。

2. 训练中不出现漏动作

漏动作，是指战机出现以后没有采取对应措施的行为。在跆拳道技能训练过程中，提出"不能漏动作"的要求，就是针对这一状况的：迫使运动员在任何情况下多抓战机，多出动作，多争取得分，主动进攻；迫使运动员对每一种动态，每一次战机的出现都要有相应的动作对策，尽快建立动作条件反射的能力。在训练中不准漏动作是有效提高跆拳道技能水平的关键所在。

3. 尽可能不后退

后退，是指一方运动员向前移动或发出进攻时，另一方运动员向后移动的行为。跆拳道技能训练要求不准后退的目的，就是要改变退防不得分的落后技术，强化建立需要人体第二信号系统支配的、能够直接得分的复杂动作条件反射的能力，较好地体现跆拳道技术与运用的先进性。不能后退，主要是针对跆拳道技能训练所做的要求。当然，合理的后退防守接反击动作，或者在比赛中为了调整比赛的节奏、调整自己的体力、避开对方的锋芒等具有技术需要或战术目的的闪躲后退，不属于不能后退的要求范畴。

（二）战术训练要求

1. 培养战术意识

培养战术意识是战术训练的中心环节。在比赛实战中要依靠赛前对对手情况的真实了解来制订相应的战术方案，要依靠教练员的临场决策指挥，更为重要的是在瞬息万变的情况下，需要依靠运动员的独立作战能力、战术思维能力和战术应变能力等一切与战术意识紧密相关的因素。其突出表现在战术行动中的自觉性、预见性，判断的准确性，动作的目的性，攻防的主动性，方法的隐蔽性，战术的灵活性等方面。在比赛中，运动员的每一个战术行动都受战术意识的支配，培养运动员的战术意识就是要使其具备在复杂多变的比赛中能够迅速、准确、有效地实施自己战术行动方案的能力。因此，在战术训练过程中，应通过各种途径（如比赛、观摩、录像、实战训练等）使运动员主动学会比较、分析、综合、判断各种复杂的比赛情势和不同类型、不同技战术风格对手的特点，因势利导，促进其战术意识水平的提高，厚积薄发，从而能在比赛中抓住时机，迅速、果断、大胆地使用战术动作。

2. 丰富战术知识

战术知识是运动员掌握战术和提高战术能力的基础，包含着战术理论和战术经验两个方面的内容：战术理论是一切与跆拳道战术相关的各种理论知识；战术经验是运动员的跆拳道战术理论与方法在比赛中运用时所获得的体验。在训练的全过程中，应通过各种途径（理论学习、训练比赛的实践体验等）使运动员全面详尽地认识、理解和掌握跆拳道运动的战术规律、运用原则、各种战术形式的作用及运用的条件与时机等。丰富的战术理论源于战术经验的积累，将其从实践上升为理论，再用理论去指导实践，在这个不断重复的过程中，相互促进，共同提高。

3. 掌控战术行动

战术行动是运动员为实施战术方案而采取的各种具体的行为方式与方法。拥有丰富的战术知识和强烈的战术意识，最终要落实到战术行动上，它必须通过具体的战术行动来体现，否则空有一身本事而无用武之地。跆拳道战术行动中使用的具体战术动作和打法，都是与双方在对距离、时间、空间的瞬间观察判断紧密相关的，战术行动可能是预先想好的，也可能是临时决定的，还可能是预先想好与临时决定相结合的。通常情况下，预先想好的主要是主动攻击战术行为；临时决定的主要是为有效地适应出乎意料的情势而采取的相应的战术行为，最为常见的是反击、反反击、迎击、抢攻等；预先想好与临时决定相结合的战术行动，多数情况下有着复杂的攻防反击过程，如开始的行动是预先想好的，但在使用过程中，情况发生了变化，对手的反应出乎意料，迫使自己只能随机应变而临时改用其他战术形式，以适应临场情势的变化，保证能够随时控制战术行动过程。例如，在使用假动作调动对手时，原本意在迫使对手方向前移动进攻而己方随之迎击，可对手方并未前移而是后撤，这时己方必须改变战术向前追击进攻以适应这种变化。因此，只有储备大量不同类型的战术形式和具备快速灵活的反应能力，才能在瞬息万变的比赛中抓住时机，果断予以攻击。

4. 储备多种战术

在战术训练中，首先，要求运动员精练几套基本战术，保证运动员在比赛中根据已掌握的战术动作，随着比赛临场情势的变化发展而能灵活运用；其次，还应根据自己的技战术特点，建立和形成对待不同类型、不同技战术风格特点对手的战术形式与方案，以适应各种不同对手、不同情势的需要；最后，对各种战术形式要全面详尽地理解与掌握，并对各种战术形式及其相互之间的衔接关系多加考量，同时对一些常用的和具有自己特点的战术形式要重点掌握，并且能在繁杂多变的比赛中将各种战术形式融会贯通，恰到好处地灵活运用。除此之外，在战术训练中既不能流于形式，华而不实，只求多而不求精，也不能把战术训练过于简单化，认为可有可无、只要把技术练好就行了，一定要深刻地理解和处理好技术与战术的相互关系，让两者相得益彰，齐头并进，只有这样才能在比赛中保证技战术得以充分发挥。

5. 提高战术质量

在战术训练过程中，不仅要求运动员全面掌握各种战术形式的具体使用方法，还应注重战术质量的提高，要严格按照比赛实战的要求去训练。对战术动作的力量、速度、节奏、方向、距离、角度等都要充分考量，保质保量、一丝不苟地去认真完成；对战术动作运用的时机及其判断、反应，都应在模拟真实比赛实战的环境中去体验、甄别，只有通过实践检验的战术动作形式，才能使其目的更明确，更具针对性，才能充分体现战术行动的实效性。因此，把各种战术形式放置于不同的比赛实战环境，并与不同类型、不同风格特点的对手进行反复的练习、对比、求证，经过这样一个反复检验过程而形成的战术动作，才能在比赛中使战术行动做到有的放矢，行之有效，充分发挥战术动作本身的最大效应。战术训练的方法、手段、环境、气氛越逼真，越接近比赛实战，战术训练的质量、效果就会得到保障从而使其迅速提高。

6. 全面协调发展

战术训练要同其他训练相结合，使一切与跆拳道运动相关的素质、能力得到全面协调的发展。战术训练的好坏，与身体训练、技术训练、心智训练等有着密切的关系。跆拳道运动训练内容的各个部分之间是相互影响、相互联系、相互转化、相互制约、相互促进的，共同反映在运动员的身上。技战术好，可体能太差，就无法完成技战术意图，达不到预期的目的，体现不出应有的效果；有很好的时机，可应变能力欠缺，攻防总是慢一拍，就会错过最佳攻防时机；技术动作变形，击打偏离正确部位，不但进攻失败，还极易造成对手的反击而受制于对手，失去比赛的主动权。这些问题的出现，都将无法实现战术目的。因此，战术训练必须与身体、技术、心智等训练相结合，从而全面提高运动员的综合实力和整体水平。

第四节　新规则下跆拳道运动的技战术要求

新规则的出台，是在充分考虑保护运动员安全、增强比赛精彩程度、提高比赛观赏娱乐性、推动跆拳道运动向更高层次健康发展等多方面因素的基础上制定的，所以它必将引起跆拳道技战术的发展变化，也必将对技战术提出新的要求。

一、鼓励运动员积极主动进攻

以前的场地比赛区为10米×10米，运动员的活动空间很大，很多运动员采取防守为主的方式消极比赛，使比赛精彩程度降低。新规则中比赛区为8米×8米，一方运动员一、两个进攻技术动作就可迫使对方靠近警戒区，从而使对抗变得激烈，比赛也因此更精彩。而以防守为主的运动员将无生存空间，从而迫使其改变技术特点，使跆拳道运动更具观赏性。

二、鼓励运动员使用高难度技术

在比赛中，由于后踢技术、后旋踢技术等反向技术的得分率相对较低，但其作为一种战略性进攻手段，正在被越来越多的优秀运动员采用。新规则鼓励运动员使用和发展包括后踢技术在内的反向技术。在比赛中，旋转类腿法击中头部可得4分，击中身体可得2分，而常规技术击中头部得3分，以此来鼓励选手使用高难度技术来增加比赛的激烈程度。这些规定将引导跆拳道战术的发展方向，使各种高难度的反向技术、重击技术成为今后各国技术训练的重点。

三、鼓励运动员增加得分手段

跆拳道规则对于运动员来说就是风向标，每一次规则改变对运动员都提出了新的要求，对规则敏感和率先吃透规则并灵活运用的运动员，在比赛场上必然有一定的优势。

规则分值变化的主要目的是使运动员在比赛场上技术发挥得更加全面。在2009年之前，由于高位腿法不仅要求高度还要求力度，但得分率较低，故中位腿法在比赛中占主导地位。在2009年之后，头部接触即得分，而头部得分分值大且得分较为容易，因此运动员使用高位技术的频率得到了极大的提升，同时运动员不只满足于正向击打头部，各种高难度高位动作技术也日渐全面，正因为如此，中位技术使用率急剧下降。规则的变化提升了正向击打躯干的得分，有利于提升横踢的使用率，使比赛中运动员的技术发挥得更加全面。中位腿法具有速度快、隐蔽性高、准确性高等特点，故可在比赛中适当增加中位腿法，形成高低结合的组合技术。因此，"快、高、变"的比赛技术特点可以变化为高低结合技术全面的打法。

第五节 我国跆拳道运动技战术研究成果分析

一、研究成果

（一）技术上

跆拳道运动员的基本技术训练方式有靶位训练、攻防训练、条件或模拟实战训练、智能和心理负荷训练、实战训练。

刘宏伟教授研究韩国教练金建一跆拳道训练特点发现：金建一在训练中注重跆拳道礼仪、技术与文化的传授，注重训练质量、重视身体素质基础和技战术训练，在技战术训练中也十分重视跆拳道实战和步法的训练。他的主要训练方式和方法有板块式集中训练、小周期内不同内容的循环训练和注重团体进步等方法。

袁震澜教授运用文献资料分析的方法对国家队跆拳道运动科学训练的特征进行了研究，认为其主要特征包括：跆拳道运动训练指导思想的先进性、负荷安排的科学性、赛前竞技状态调控的时间规律性、训练手段和内容的实效性、运动训练人员的智能化和多样性。

曾于久教授在多年跆拳道赛场实践的基础上总结出了内动打抢攻、小动打迎击、大动打反击的行动对策。这些行动对策通过实践检验证明是行之有效的方法。内动打抢攻、小动打迎击是主动进攻的打法，大动打反击是防守反击的打法。主动进攻和防守反击的成功率成反比，主动进攻技术掌握得越好，对方就越难有反击的机会，反之，进攻成功率越低，对方的反击成功率就越高。因此，内动打抢攻、小动打迎击是跆拳道技能训练的重中之重。

蔡景台教授认为跆拳道的主要训练内容包括基本技术训练、基本战术训练、身体素质训练、综合素质训练和实战训练，其中基本技术训练、基本战术训练是影响比赛胜负的关键性因素。

（二）战术上

跆拳道战术上的研究主要包括对跆拳道战术概念的定义、战术运用、对边角战术的探讨以及战术训练等方面。跆拳道战术是指在跆拳道比赛中，运动员为发挥现有的竞技水平和战胜对手而采取的计谋和行动。研究人员孙茂君认为战术意识、战术种类、身体素质、地域性差异等因素会影响跆拳道战术的运用，同时指出在运用战术时，战术要熟练、要先进、要有绝招、要创新。同时，从比赛的角度，他认为"快、准、狠、变"是比赛制胜的关键因素。

孙尊航教授通过研究江苏省各级别跆拳道选手在比赛中运用主动进攻、防守反击、杀伤战术、边角战术的情况和成功率，结果发现：在主动进攻战术使用方面，处于重量级别两端的小级别与大级别选手在战术的使用上明显低于中间级别的选手；用防守反击战术最多的是中间级别的选手，而小级别和大级别则不常用；杀伤战术的使用情况是重量级别两端的选手使用杀伤战术的比例较大，而中间级别选手使用的比例相对较低；边角战术的使用上则处于不规则波动状况。

二、研究结果分析

（1）我国女子运动员实力居世界前列，男子运动员实力居世界中游，因此应尽快缩短我国男子运动员与世界先进水平的差距，促进我国跆拳道整体实力的提高。

（2）中外跆拳道运动员主动进攻技术中直接进攻技术使用率最高。在直接进攻技术成功率上中国男子运动员略低于国外男子运动员，国外女子运动员在直接进攻技术使用率及成功率上均高于我国女子运动员。我国女子运动员在其他进攻技术使用率上高于国外女子运动员，而成功率却截然相反。因此，我国应加强直接进攻技术有效性的训练。

（3）我国教练员和运动员应充分认识到主动进攻技术在跆拳道比赛中的重要性，应根据运队员自身的特点和优势，在训练中加强主动进攻意识的培养及技术、战术的储备，提高竞技水平。在日常训练中要注意提高运动员技术动作的规范性，培养运动员强烈的得分意识，注意提高使用技术的有效性。

（4）建议主管部门组织跆拳道专家，对击倒的尺度、贴靠时间的界定等进行研讨，进一步统一尺度，完善执法细则，以利于我国跆拳道运动水平的提高。

第四章 高校教学与跆拳道运动教学的融合

跆拳道运动不仅蕴含着丰富的体育运动文化，还是一门重要的防身技能。随着跆拳道被列入现代奥运会的正式比赛项目，跆拳道运动开始进入高校体育教学课堂，受到学生的普遍欢迎。许多高校纷纷开设跆拳道选项课、选修课等以满足学生的需求。近几年的教学实践表明，跆拳道选修课程对学生身体健康的促进、心理的引导、道德品质的培养以及养成良好的锻炼习惯和树立终生体育观念等方面起到积极的作用。但是根据高校跆拳道教学现状，如何对跆拳道教学方式进行改进，使之在有限的教学时间内充分发挥跆拳道的教学价值，这就需要我们对高校教学与跆拳道运动教学的融合进行探索研究。

第一节 高校教学与跆拳道运动教学融合的积极意义

一、有利于学生身体素质的提升

跆拳道的技术动作的完成是由全身协调配合的，主要通过各种各样的腿法来表现。它能很好地促进人体的力量、速度、耐力、灵敏性、协调性等的全面发展，具有强身健体的作用。高校将跆拳道运动设为体育课程，必将对学生体质有一定程度的提高。跆拳道这种运动所讲的就是将力量、速度以及炫目的动作融合在一起。学生在学习跆拳道时，对于技能必然有所掌控，而技能的掌控完全依靠身体最基本的素质，也就是说，跆拳道运动教学的初期必然是通过大量的运动不断提高学生身体素质，大量的运动会使学生体内多余的脂肪加速消耗，肌肉体积增大，自身的心肺能力增强。在高校开展跆拳道运动，能满足大学生对体育锻炼的需求，通过跆拳道运动特有的魅力和吸引力，提高大学生体育锻炼的积极性，同时，练习跆拳道可以提高学生神经中枢协调支配各器官的能力，活跃思维。

二、有利于体现德育教学价值

高校是培养和造就社会主义事业合格建设者和可靠接班人的重要阵地，也是对青年学生进行爱国主义、集体主义和社会主义教育的主要阵地。东方民族文化重要组成的一部分就包含了跆拳道；儒家以及道家的思想始终影响着跆拳道运动，而且跆拳道运动的基础就是"以礼始，以礼终"以及心理健康等。具有东方人坚韧品质的跆拳道运动，非常注重对练习者人格的培养：它可以培养学生的坚强意志和勇敢精神；可以培养学生的美好情操和文明行为；可以培养学生吃苦耐劳精神和集体主义观念。跆拳道运动在学校的开展，能够提升学生的道德品质，学生在学习跆拳道的过程中，可以通过艰苦的训练来磨炼自身的意志，使学生树立正确的人生观、社会观以及价值观。

三、有利于学生个人性格的养成

学习跆拳道的主要目的并不是击倒对方，而是促进学生之间的互相帮助以及团结等。学校的学生来源大多比较广泛，各个地区各个民族都有，而跆拳道完全可以将学生之间的友谊升华，使得学生之间的认识度有所提高，最终让学生在相互理解的过程中形成良好的个人品格；有效地解决学生性格上的缺陷，如孤僻、暴躁等；使学生有一个良好的性格以及健康的心态，为日后步入社会建立良好的基础。

第二节　高校跆拳道运动教学的主要内容

根据跆拳道的学习特点和运动技能形成的生理学规律，高校跆拳道运动教学大致可以分为三个阶段。

一、初型概念阶段

初型概念阶段也称泛化阶段。在这一阶段，学生的大脑皮层兴奋过程广泛扩散，动作表象比较模糊，以视觉表象为主，肌肉的本体感觉只处于感觉的边缘，动作的控制和调节易受内外因素的干扰。此阶段尚未形成完整的动力定型，学生在学习过程中较易出现动作僵硬、不协调等问题，因此，教师在教学中尤其要注意强调细节，讲解示范要简练，突出重点，从不同角度让学生对动作的各个环节有一个清楚的认识。这一阶段的学习目标是学习基本理论知识、基本功、基本技术动作。此时应加强基本功训练，掌握理论知识、动作原理，特别是掌握准确的基本动作，它是决定击打的力量、速度及攻防转换能力等的重要因素。

二、培养攻防意识和战术意识阶段

这一阶段也称为提高阶段或分化阶段。在这一阶段，学生的大脑皮层的兴奋与抑制过程开始分化，兴奋相对集中，内抑制逐步发展巩固。一些错误的动作得到了纠正，能够正确地完成基本动作。

此时，要在巩固基本动作、不断提高专项素质、熟练掌握多种技术动作及组合的前提下，通过进攻、防守及防守反击的训练，逐渐培养攻防意识，为进一步提高竞技水平做好准备。另外，还要注重战术意识的培养，因为战术意识是一名运动员走向成熟的标志。在训练中注重战术意识的培养与练习，对提高运动员自身的竞技水平有很大的促进作用。

三、提高个人技术特长，形成个人技术打法阶段

这一阶段也称为巩固阶段或熟练阶段。通过前两个阶段的学习，学生已经建立的条件反射不断得到巩固，形成了良好的动力定型，此时大脑皮层的兴奋和抑制在时间和空间上更加集中和精确，内抑制非常牢固，学生的个人技战术水平有所提高，抗干扰能力有所加强，技术动作达到了高度的自动化，形成了个人的技术特色。这时教练员应因材施教，培养个人的技术"绝招"，在全面提高掌握攻防技术的前提下，形成个人技术特长，不断提高专项素质、增强打击力量。另外，值得注意的是对已经形成的动作要提高难度并继续强化巩固，加深学生的理性认识，对动作的细节要精益求精，从而逐步走向成熟。

第三节　高校跆拳道运动教学效果提升策略

一、着力提升跆拳道教师的专业素质

专业的跆拳道教师是保障跆拳道运动教学效果的前提。教师作为学生的引导者，学生只有在教师的科学引导下才可以掌握运动技巧，所以，各高校非常有必要聘请专业的跆拳道教师给学生上课，只有这样，学生才能打好基础。同时还要加强对现有跆拳道教师的在职培训，定期开展学术讨论会，激励跆拳道教师不断学习并讨论出新的教学理念，从而使跆拳道运动教学更富有活力。

二、注重学生礼仪规范教育

高校跆拳道教师在进行跆拳道运动教学时也应重点培养学生的健康体魄及礼仪规范。学生通过学习礼仪规范，可以使自己在日常生活中养成文明、礼貌

的好习惯，并且学生通过跆拳道礼仪规范的学习，能够加深对跆拳道文化内涵的了解，有助于提升学生的个人素养。

三、增强学生对于跆拳道运动的理解与认识

为提高学生对于跆拳道运动的认识与理解，可以在授课之前进行理论教育，让学生对跆拳道运动有一个较为全面的认识，明白学习跆拳道运动的作用以及积极意义。同时需向学生阐明跆拳道的内涵在于锻炼强健的体魄、塑造坚韧的品格、修身养性而并非简单的搏击格斗。通过上述方式，可以改变学生对于跆拳道运动的认识，提高学生对于跆拳道运动的理解，从而使其能够发自内心地接受跆拳道运动，最终建立学习跆拳道运动的信心与毅力。

四、完善高校跆拳道运动教学设施

在开展跆拳道课程后，各高校需加大对跆拳道硬件设施的经费投入，配备专门场地供教师授课使用，还要为学生配备护具等硬件设施，确保学生在练习过程中的人身安全，这就需要做好设备及训练场地的日常养护工作，从而为学生创造出良好的学习环境，让学生放心地进行跆拳道练习。同时，为了保证他们在教学中的安全，还应为师生配备专业的服装与训练护垫。在跆拳道实际教学中，高校首先要重视学生的人身安全，相关人员在每日跆拳道教学结束后，应及时对老化的设备与仪器进行更换与维修，以保证训练场地设备的安全，使学生可以安心进行跆拳道训练，为其创设更加优良的学习环境。

五、充分结合跆拳道技能训练与基础理论知识

实践性是跆拳道鲜明的主要特点。在跆拳道运动教学开展过程中，教师不仅要注重跆拳道的知识教学与理论基础，也要培养学生的防身术与格斗技能，以此来激发学生的运动能力与运动精神，满足他们的精神需求。在跆拳道运动教学开展过程中，教师可以将跆拳道坚韧刚毅、百折不挠的精神向学生们重点宣讲，列举中国跆拳道运动员的成长历程。同时，也可以让学生模仿教师的动作，在教师做完技术动作后练习相关动作，引导学生对这些动作不断感悟、思考以及练习。这样不仅能强健他们的体魄，还能使学生掌握其中的理论知识，对学生的心灵进行更好的净化。另外，在教学与学习活动中，要尊重师生们的主体作用与主导作用，科学合理地采取多种教学方法。

六、更新教学理念，优化教学方法

只有不断掌握与学习更多的教学方法与跆拳道理论知识，及时更新教学理论，才能提升教学效率与质量。教师应采取文字、视频、图片等多种方式，将跆拳道各个动作的疑点、难点以及重点呈现给学生们。对于那些高难度的动作，哪怕学生在课堂上未能熟练地掌握，教师也能通过给学生相关的课程资料，让学生在课后自主练习，从而将这些动作的疑点、难点，循序渐进地理解与掌握。

七、改进班级教学模式

目前跆拳道运动教学多采用大班授课模式，由于上课人数众多，使教学质量受到了一定影响，所以教师必须要改进这种大班授课方式，通过合理地调整课程，使学习人数控制在合理的范围之内，使每一位学生都能得到教师的关注，增强他们学习跆拳道的兴趣，以便通过一学期的跆拳道学习，可以学到真正有用的技能，从而为学生以后的体育锻炼奠定一个良好的基础。

八、借助互联网提升学生学习的主动性

为了更好地提升学生学习跆拳道的效果，可以借助互联网使学生自主学习跆拳道技能与相关理论知识。学生不仅可以学习教师分享的课程资料，还可以自主下载多个相关软件，从而提升自己的跆拳道学习效果。同时，在课余时间也可以自己收集与跆拳道相关的资料，了解与掌握跆拳道的相关内容，进而提升学习效果，强化学习力度。另外，在学习过程中，学生也能通过互联网及时与教师联系，向其请教遇到的难题，从而降低学生自学跆拳道的难度。

第四节　高校跆拳道运动教学的主要作用

一、有利于推动高校体育教育的改革与发展

在高校教学中，体育教学是其重要的组成部分。体育教学的目标是促进学生身体生长发育、增进健康，使学生掌握一定的锻炼身体的知识、方法，培养学生运动的兴趣、能力习惯以及良好的品行，发展个性。高校跆拳道运动教学的目标则是通过礼仪、技术、品式等的教学，一方面锻炼学生勇敢、坚毅、果断的意志品质，培养学生良好的道德品质；另一方面使学生掌握有关跆拳道的基础知识和基本技能，有效地增强体质，提高跆拳道运动水平。

二、有利于培养大学生终身体育意识

终身体育作为一种新的健身理念，充分体现着以人为本的现代理念，重视人的生命质量，力求为每一位公民铸就健康体魄，创造健康人生。学校体育是终身体育（家庭体育、学校体育和社会体育）的一个重要组成部分，它为终身体育的实现起着承上启下的作用。跆拳道运动作为体育的一部分，不仅可以锻炼身体、净化心灵，还与人的身心健康密切相关。

三、有利于学生心理的健康发展

跆拳道运动作为人为的艺术，它的产生和发展必定受到人类的制约和推动。人们在满足了最基本的生理需要（维持生命）以后，接着而来的便是心理需要了。心理需要的满足也就是人们各种情趣的满足，这种情趣不是一成不变的，它是随社会物质生产的发展而发展的。跆拳道运动作为一种艺术想要得以持续发展下去，势必要随人们审美情趣的改变而改变，这是它得以存在和发展的必然选择。

跆拳道是一项利用拳和脚进行搏击的对抗性运动。它通过竞赛、品势和功力检验等运动形式，使练习者增强体质，掌握战术，并培养坚韧不拔的意志品质。通过跆拳道练习，不仅能从这些动作的练习中获得外在的形体美，还能够规范人们的行为。

跆拳道运动很注重品质的修炼，其推崇"以礼始，以礼终"的尚武精神，跆拳道一词中的"道"字大概最能说明这一点。通过跆拳道的练习，可以使人们的感情得以抒发，从而得到愉快的情感体验。这些在无形中都会对学生的心理进行调节，从某种程度上说，也是发泄"心中不快"的一种形式。所以说，跆拳道运动在高校的开展有利于学生心理朝着健康的方向发展。

第五节　高校跆拳道运动教学存在的问题及对策

一、存在的问题

我国高校跆拳道运动教学中存在以下方面的问题。

（1）我国高校跆拳道运动教学理念还较为落后。

（2）我国高校跆拳道运动教学师资力量比较匮乏，限制着跆拳道运动在高校的进一步发展。

（3）我国高校跆拳道运动教学方法比较落后、单一，严重阻碍了高校跆拳道运动教学的顺利、健康、快速发展。

（4）我国高校跆拳道运动教学场地与设施缺乏或不规范，是我国高校跆拳道运动教学发展缓慢的又一个重要的原因。

（5）我国高校跆拳道运动教学考核的内容主要局限于跆拳道技术与基础知识上，过于强调其选拔与排序功能，不能够对学生学习的跆拳道效果进行客观公正的反映。

二、对策

要解决我国跆拳道运动教学中存在的问题，需做以下方面的努力。

（1）要充分体现"以人为本"的教学思想。学校教育的主要目的就是要为社会培养出德、智、体、美、劳全面发展的新一代接班人，因而，在学校教育过程中，要将学生放在主体地位，充分调动与发挥学生在教学过程中的主动性、积极性与创造性。要达到这一目的，就要在教学过程中，始终坚持"以人为本"的教育理念，根据学生的生理、心理、社会和自我完善的需要，将跆拳道运动教学、课外活动以及群体竞赛三者相结合，从而使学生获得全面的发展与进步。

（2）要不断加强我国高校跆拳道运动教学的师资力量建设。在跆拳道教学过程中，教师的专业素质与水平对于学生的学习会造成十分重要的影响，专业跆拳道教师的数量与质量是跆拳道教学收到良好效果的重要的前提条件。因而，我国各高校需要引进一些专业的跆拳道教师，也可以有计划地培养一批跆拳道教师，提高其专业知识与素养。当然，各高校还要建立起系统的教师专业素养评价与考核，建立培养与进修系统，以便对跆拳道教师进行定期的检查、考核与培训，从而不断提高其专业素养，最终促进我国高校跆拳道教学的快速发展。

（3）要采用更加多样化和先进的教学方法与手段。丰富多样的教学方法可以促进教学效果的提高，而单一枯燥的教学方法对于教学效果的提高则没有明显的作用，甚至有时候是有害的。因而，在跆拳道教学过程中，我们要采用多种多样的教学方法与手段进行跆拳道教学。目前我国跆拳道教学的方法主要有自主探究式、合作研讨式、互动式、游戏式等，以传授、解答疑惑、学生实践为主，自练为辅。随着现今社会科学技术的突飞猛进，学校教育中也越来越多地运用了先进的科学技术与手段，如多媒体技术等，通过利用这些先进的教学技术与手段，可以使教学过程更加生动、形象，帮助学生理解复杂的跆拳道知识与技术等，提高学生的学习效果。

（4）要加大对跆拳道教学场地与设施设备的建设力度。有关的调查与研究表明，目前我国的很多高校都没有为跆拳道教学建立相关的教学与训练专用场地，高校跆拳道运动教学只能在比较简陋的条件下草草了事，这就成了我国高校跆拳道运动教学发展缓慢的又一个重要的原因。因此，我国各高校需要加大对跆拳道运动教学的投资建设力度，为高校跆拳道运动教学提供专门的场馆、场地以及专业的训练器材和服装等。同时，还要对这些资源进行合理的布局与科学的调配，使其在不产生资源争夺的情况下得到最大限度的利用。

（5）要建立起系统科学的高校跆拳道运动教学考核评价体系。科学有效的跆拳道评价体系对学生学习动机、学习兴趣以及终身体育意识的形成与培养都具有十分积极的作用。一个科学合理的跆拳道评价体系除了要关注学生目前的学习情况外，还要重视学生未来的发展；除了要对学生跆拳道知识与技能进行考核外，还要对学生的跆拳道精神领悟程度、在跆拳道学习过程中的学习态度以及对跆拳道力量与技巧结合的掌握程度等进行考核。此外，还可以采用以赛代练、以赛代考的评价方式，使跆拳道评价体系在内容上更加全面、在主体上更加多元、在方式上更加科学。

第五章　跆拳道运动损伤及防治办法

跆拳道运动是一项紧张激烈、变化万千的对抗性搏击项目，它是以拳、脚直接击打对手的有效部位得分而取胜的现代竞技体育运动。因而在跆拳道比赛和训练中学生受伤的概率较其他项目要高很多，为此，跆拳道比赛制定了有关比赛中医务监督的若干条例，以保证参赛者能有效地避免损伤与及时妥善地处理伤害事故。

第一节　跆拳道运动损伤基本情况

一、跆拳道运动常见损伤

跆拳道运动中常见的损伤有击倒后的休克、擦伤、挫伤、扭伤、骨伤、慢性损伤以及其他损伤。

（一）击倒后的休克

在跆拳道比赛中，因规则鼓励击打对手头部，基于此，头部常被视作攻击的主要部位。当某一方因头部、颈侧或胸腹部神经丛遭受重击（正常击打或犯规击打）后，常常会出现瞬间休克和短暂的意识丧失的情况，严重时可导致昏迷。

（一）擦伤

在击打过程中，拳、脚背、上下肢或身体其他部位的皮肤受到护具的摩擦而使浅层表皮破损，创面有小出血点及擦伤痕迹。作为一个必须发生身体接触的对抗性项目，此类损伤发生概率极高。常见的受伤部位是脚背、脚底（地面摩擦）、肘关节等。

（三）挫伤

挫伤是指皮下组织（主要是肌肉）受伤而皮肤无破皮现象。在跆拳道运动中,脚踢、拳打或发生身体冲撞等动作都有可能发生挫伤,有的发生在肌肉表层,有的则发生在肌肉深层,严重的还可能出现肌纤维撕裂的情况。常见的受伤部位有躯干、手臂、脚踝、大腿、小腿和睾丸等。

(四)扭伤

扭伤是指软组织撕裂与断裂。跆拳道发力是突发性的爆发力,速度极快且转换迅捷,极易发生扭伤。常见受伤部位有各关节部位如膝关节、踝关节、肘关节、肩关节、腕关节,以及大、小腿后群肌肉等。

(五)骨伤

跆拳道是对抗性极强的运动,因此骨伤是较为常见的损伤。常见的骨伤位有关节脱位(如肩关节、手指关节、脚趾关节)、小腿胫骨与腓骨骨折等。骨折可分为开放性骨折和闭合性骨折。

(六)慢性损伤

在跆拳道运动中,脚的使用频率最高,所有击打几乎都由脚来完成,主要依靠蹬地拧腰产生击打力量。在长期的训练中,如空击、打沙包、击打护具等,都会产生反作用力,较易引起踝关节、膝关节、腰椎关节等部位的慢性损伤。

(七)其他损伤

在跆拳道比赛中,双方互相以对手的身体、头部作为攻击目标,对抗性强,有时会出现其他部位如眉弓、眼、鼻、耳廓、牙齿等部位的损伤。

二、踝关节、膝关节等部位发生运动损伤的生理学机制分析

(一)踝关节

跆拳道运动员总体损伤主要集中在踝关节。跆拳道运动员的踝关节损伤在跆拳道运动损伤中最为严重,这主要是由踝关节的解剖结构和跆拳道自身运动特点决定的。就踝关节的解剖结构而言,它属滑车型关节,外踝比内踝低,内踝处三角形韧带又比外踝的强而有力,很容易造成踝关节内翻;踝关节损伤主要是由于踝关节的距骨上关节面前大后小,外侧韧带弱于内侧韧带,外踝尖低于内踝尖等解剖结构因素的影响,而在训练中快速地攻防转换,移动闪躲需要迅速改变身体重心及移动方向,这些都会使踝关节发生过度内翻,引起外侧副韧带损伤。从运动的特点来看,跆拳道运动按运动性质分类属于技能类同场对抗性项目,主要表现为技能竞争为主,在直接对抗的条件下进行运动。在完成

跳跃旋转类动作时，如旋踢、腾空后摆、后蹬等，当脚离开地面后，脚自然处于趾屈内翻位，如果落地时重心不稳或场地不平，会使脚的前外侧着地，身体向一侧倾斜而导致外侧副韧带损伤。跆拳道运动的发展使得对抗越来越激烈，训练和比赛的激烈程度也越来越高，对运动员的身体素质要求也就越高，即跆拳道运动员要有更快的移动速度和更强有力的肌肉及坚韧的韧带。所以在肌肉力量小、突然用力过猛、准备活动不足及场地缺陷等因素影响下，踝关节的损伤是不可避免的。

（二）膝关节

膝关节是跆拳道运动员损伤发生的第二大部位。膝关节损伤包括膝关节胫侧韧带损伤、半月板损伤、髌骨软骨病、髌腱炎及周围肌肉拉伤等。在解剖学上膝关节是全身结构最复杂的关节，在其微屈时突然扭转或拉伸，都能引起半月板及关节周围韧带和肌肉的拉伤、撕裂和挤压伤。膝关节反复地旋转、屈伸，会使其周围的组织受到挤压、牵拉和摩擦，造成细微损伤后不断积累加重，从而导致膝关节软组织的慢性损伤。膝关节的损伤一般多为髌骨软骨伤，其原因在于运动时软骨关节面与股骨内踝摩擦造成髌骨关节面损伤。这时，为了不影响比赛或训练，可以用绷带固定，或者戴上护膝，减少髌骨关节面在运动中的运动幅度，以减缓关节发软。

（三）其他部位损伤

跆拳道规则中击中有利的部位为头部、胸部和背部，所以，"有利"部位受到钝性暴力作用的机会较多，轻者局部仅有疼痛、压痛、肿胀；重者可因皮下出血形成血肿或瘀斑；有的甚至形成复杂性的挫伤，如头部挫伤，轻者可造成脑震荡，严重者可造成颅骨骨折或合并脑挫伤。但该项目能够触及头部而引起伤害的病例较少见，而胸背部较突出，胸背部挫伤可合并肋骨骨折或脑脏损伤，腰背部挫伤可合并肾挫伤和肝脾破裂而引起出血和休克，动作的失调或对抗性弱可引起腰背部等肌肉拉伤。

第二节　跆拳道运动发生损伤的主要原因

一、自我保护措施不当

学生对运动方面的知识了解不多，没有预防运动损伤的经验，也没有在损伤后及时处理的经验。身体机能下降和不良的心理状态，都会导致力量和协调能力的下降,就会出现较多的错误动作。注意力的分散,会导致运动损伤的发生。

二、学生自身身体素质差

跆拳道运动是一项对练习者自身身体素质能力要求较高的运动,需要练习者训练时力量、速度、柔韧性、灵活性和协调性都要跟上,如果学生自身身体素质不够,肌肉力量和弹性能力差,关节不灵活,反应迟缓,协调性差,会导致姿势变形、动作支撑性差、训练水平跟不上等,一旦出现这种情况,就很容易造成运动损伤。由于现在的学生久坐上课,下课回宿舍还要做功课和玩电脑,大部分时间都是坐着的,没有足够的体育锻炼,那么必然导致身体素质变差。而身体素质不足,对于跆拳道这种中高强度运动,就无法到位地完成各种动作,发生运动损伤的可能性便会大大增加。

三、局部负荷过重

如果某块肌肉过度使用,会造成肌肉的疲劳,从而出现运动损伤。学生身体素质差,训练水平不高,力量、柔韧性、协调性跟不上,在训练过程中就会因技术动作变形而导致动作错误或变形,出现运动损伤。

四、未做充分的准备活动

跆拳道运动以步法为主,在攻防中,需要练习者每个动作都能协调一致,这样才能更好地预防运动损伤。如果学生在练习前未做好充分的准备活动,那么在没有完全调动身体各部位和器官的活动性和神经的兴奋性情况下,人的肌肉、韧带和关节都是僵硬的。如果学生还没有进入运动状态,却要进行大强度和大幅度的肢体运动,就很容易出现运动损伤。

五、教学场地设施和器材不符合要求

由于大部分开设跆拳道选修课的高校是非体育专业的,这些高校大多没有专门的跆拳道馆,在选择开展跆拳道运动教学场所时通常都是随便了事,一旦教学场地不平整或者过硬、过滑都会导致学生发生运动损伤。而且大部分高校在跆拳道运动教学这块没有足够的防护器材,即便有防护器材也可能面临质量不过关和使用不到位的问题,以及跆拳道运动器材使用方法不到位,教师在教学过程中没有指导学生正确使用器材,这些都会导致学生发生运动损伤。

六、训练安排不合理

对于跆拳道练习者来说，由于自身体力、技术条件的限制，如果选择不适宜的训练手段，损伤的发生概率将会提高。例如，刚刚学习跆拳道就要进行实战，或在技术还不熟练的情况下就要进行高难度的表演等，都可能造成重大的运动损伤。再如采用蛙跳训练，由于训练量过大，原本企图增强腰、腿肌肉力量，结果事与愿违，不但锻炼没有效果，反而出现膝关节损伤、半月板损伤等。此外，传统的腹肌运动训练（如仰卧位屈体运动）腹肌锻炼效果很差，相反由于腰背部负担增加，可引起后腰痛。炎热的天气下剧烈运动时未能及时补充水和盐，可能会出现高体温和脱水症状，易造成热射病。以上例子说明，必须进行科学合理的训练和竞赛，根据练习者的实际情况，选择合适的训练手段。

七、注意力不集中

大多数青少年精力比较旺盛，活泼好动。另外，他们的生活阅历较浅，容易心浮气躁，做事注意力不集中，在跆拳道训练中更容易导致运动损伤。

第三节　跆拳道运动常见损伤部位及分析

一、开放性软组织损伤

（一）擦伤

肌体表面与粗糙物体相互摩擦而引起的皮肤表层损害，称为擦伤。擦伤是跆拳道运动中最轻，也是最常见的一种开放性损伤。运动员在训练中被护具、脚靶擦伤或摔倒时的擦伤最为多见。

（二）撕裂伤

跆拳道运动中常见的撕裂伤有眉弓部的撕裂伤和前额、唇部的撕裂伤。撕裂伤多发生于实战或比赛中。

（三）鼻子出血

鼻子出血一般是由在实战中鼻子受到击打以及身体的碰撞造成的。

二、闭合性软组织损伤

挫伤、肌肉拉伤、膝关节急性损伤、腰部急性损伤等均属于闭合性软组织损伤。

（一）挫伤

肢体各部位被对方击中时都可能发生挫伤。跆拳道运动中较易发生挫伤的部位有大腿、小腿、胸部、头部、睾丸等。挫伤可分为单纯性的挫伤和复杂性的挫伤两种。单纯性的挫伤是指挫伤后的出血点可为淤点、瘀斑及皮下组织局限性积血（血肿），挫伤重者疼痛和功能障碍较明显。复杂性的挫伤较为严重，如头部挫伤后轻者可发生脑震荡，重者可造成颅骨骨折，甚至危及生命，睾丸的损伤严重时可因疼痛而导致休克。

（二）肌肉拉伤

当肌肉主动收缩超过了负担能力或被动拉长超过了伸展性时，就会造成肌肉微细损伤、肌肉部分撕裂或完全撕裂，称为肌肉拉伤。跆拳道运动中常见的肌肉拉伤是大腿后侧肌群的肌肉拉伤，如做下劈踢打靶用力过猛而又踢空时，较易发生腘绳肌或腹部肌群的拉伤。另外，训练前准备活动不充分，或长时间训练和连续比赛导致疲劳积累，这些情况如不注意都会造成肌肉拉伤，严重时可导致肌肉撕裂。

（三）膝关节急性损伤

膝关节由股骨、胫骨、髌骨、腓骨组成，膝关节的稳定性依靠周围的肌肉和肌腱，内、外侧副韧带，前后十字交叉韧带以及内外侧半月板来维持。跆拳道运动员的损伤一般多发生在内侧副韧带、外侧副韧带和十字交叉韧带等部位。

1. 侧副韧带损伤

侧副韧带损伤包括内侧副韧带损伤和外侧副韧带损伤两种。当膝关节屈曲成130～150度时，小腿突然外展外旋或当足及小腿固定时，大腿突然内收内旋，这些情况都可能使内侧副韧带发生损伤。当膝关节屈曲，小腿突然内收内旋或大腿突然外展外旋时，较易发生外侧副韧带损伤。但由于外侧副韧带形如圆束并有股二头肌腱与髂胫束加固，所以发生损伤的概率很小。

2. 十字韧带和半月板损伤

十字韧带损伤是由膝关节半屈曲位时突然地旋转、内收外展造成的。膝关节半屈曲位，小腿外展外旋或内收内旋时，两块半月板滑动不协调，就会使半月板受到急剧的研磨、碾、转而撕裂。半月板和十字韧带损伤后，当时就会有膝关节松弛、软弱无力、不能正常持重行走等症状，这时应立即加压包扎送专科医院进行治疗。

（四）腰部急性损伤

腰部急性损伤包括肌肉、韧带、筋膜及小关节的扭伤。当运动员做横踢动作，下肢动作快于躯干动作时，或运动员肌力不足时，均可造成腰部的急性损伤。

三、骨折与关节脱位

（一）骨折

所谓骨折，就是骨的完整性遭到破坏。在跆拳道运动中，由于对抗性强，骨折是时有发生的。骨折分为开放性骨折、闭合性骨折和复杂性骨折三种情况。开放性骨折是指骨折端穿破皮肤，直接与外界相通，这种骨折极易感染发生骨髓炎和败血症。闭合性骨折是指骨折处皮肤完整，骨折端不与外界相通。复杂性骨折是指骨折后，骨折断端刺伤了重要组织、器官，可能发生严重的并发症。骨折发生后，除有疼痛、压痛、肿胀及皮下淤血外，还有其特有征象，如阵痛、功能丧失、畸形等，还可能发生休克。

（二）关节脱位

关节脱位也称脱臼，是指关节面之间失去了正常的联系。关节脱位一般是由间接暴力导致的。关节脱位可能伴有关节囊撕裂、关节周围软组织损伤，严重时还可能伤及神经甚至伴有骨折。

四、休克

休克是指人体在遭受体内、外各种强烈刺激后所发生的严重的全身性的综合征，以急性周围循环衰竭为主要特征。由于有效循环血量相对地减少，组织器官缺氧，人体会发生一系列的代谢紊乱，造成恶性循环，如不及时处理，就会导致死亡。当休克发生后，其主要症状为面色苍白、四肢发凉、冒冷汗、脉搏细数、呼吸浅速，严重者发生昏迷。

第四节　预防跆拳道运动发生损伤的措施

任何运动损伤的发生，都有其发生的机制、原因和规律，我们在训练比赛中要弄清损伤发生的原因，掌握损伤发生的规律，特别是对运动员的身体状况、技术水平与能力、易发生损伤的部位（身体的薄弱部位）等，我们要了如指掌，做到心中有数，如此才能有效地预防各类损伤的发生。

一、注重理论知识教育

在跆拳道运动教学训练过程中，由于学生对跆拳道本身的了解尚浅，大多是被其动作的"酷""厉害"所吸引，还有一些是从众心理作祟。因此在学习跆拳道之初，一定要进行系统的理论知识学习，了解跆拳道的精神文化内涵，对其有一个整体的把握。对跆拳道"以礼始，以礼终"的尚武精神和练习过程中对"礼仪，廉耻，忍耐，克己，百折不挠"宗旨的深入理解，能够让他们正确地认识跆拳道，避免出现在训练过程中急于求成、半途而废，甚至用学到的动作打架等现象。

二、强化身体机能和专项运动技能的训练

发生运动损伤多与身体机能水平、专项运动技能特别是各类身体素质的强弱有关。当身体素质不能满足专项运动技能的需要时，强行去完成一些难度较高的踢击动作或爆发力大的动作，则极易发生扭伤、挫伤及各关节韧带的撕裂伤，严重时还可能造成肌肉韧带的断裂；当运动员的专项技术水平达不到实战、比赛的要求，特别是专项基本技术不成熟时，一些超越运动员自身能力水平的训练和实战对抗练习，同样也会造成上述损伤事故的发生，甚至可能因技术水平低而在对抗练习中，遭受不必要的击打，危及生命。因此，强化身体机能和专项运动技能的训练，能有效地预防、减少跆拳道运动员损伤的发生。

除此以外，还应加强身体易受伤部位的力量训练。由于跆拳道是对抗性极强的运动，所以某些部位容易受伤，如踝、膝等关节部位。加强股四头肌的力量训练可以加固膝关节，减少损伤；加强腰部力量训练，可以防止腰肌劳损及因其他因素引起的腰部损伤；多做提踵练习可加强踝关节力量，防止踝关节挫伤；加强身体的抗击打训练，可以预防和减轻因踢击而发生的四肢挫伤等。

三、科学合理安排训练

作为一项紧张激烈而富于变化的对抗性竞技体育运动，顽强拼搏、坚忍不拔的意志品质是一个跆拳道运动员必备的心理素质之一。不惧对手，不畏艰辛是跆拳道精神的具体体现。在比赛中我们可以要求运动员这样去做，但是在平时训练中必须遵循运动训练的规律和跆拳道运动的特点，应针对运动员不同年龄、不同水平、不同身体机能的实际情况，在训练的安排上，特别是实战等对抗性练习，要做到因人而异，循序渐进，科学地安排运动负荷，合理地制定练习内容。

疲劳训练，水平悬殊或体重悬殊的对抗练习等都是造成损伤发生的原因。

值得注意的是在踢脚靶及护具靶练习中，空击动作也可造成膝、踝关节不同程度的损伤，基于此，如何持靶也是训练过程中的一项基本训练内容。预防训练中损伤的发生，还应落实防护措施，做好防护工作，在对抗练习时，要穿戴好全套护具，特别是护头与护裆。要养成穿戴护具的习惯，形成制度并在训练中切实执行。

四、加强医务监督

建立和健全医务监督制度，是预防运动损伤的重要措施之一。在比赛中必须严格执行医务监督条例，尊重和服从医务人员的建议与决定。在平时训练中也应加强医务监督，对运动员的各项生理、生化指标及训练过程进行监控和检查，及时了解、掌握运动员对训练的反应，如运动负荷是否合理、训练强度与密度是否恰当、训练的手段方法是否有效等。特别是对伤后、病后的恢复情况，更应做到心中有数，为科学合理地安排训练与比赛提供依据。在训练过程中要合理地安排好运动员的训练与休息时间，必要的调整是保证训练正常进行和消除疲劳的重要方法。

五、准备活动要充分

跆拳道运动是一项强对抗的搏击项目，它动作幅度大，直接有身体接触，常常有突然性的爆发式的发力，因此需要身体特别是四肢有较好的柔韧性和保证各关节的灵活性。在跆拳道训练中要有充分的准备活动，将躯干、四肢的大肌肉群及各关节活动开，应特别注意大小腿韧带的伸展练习，以确保完成难度较高的踢击腿法，避免受伤。准备活动要形式多样，丰富多彩，以提高运动员的参与兴趣；要与训练课的主要任务相衔接（准备活动专项化），既能达到活动身体的目的，也能为训练课的主要任务服务，一举两得。

六、加强自我保护意识的培养

在训练过程中，要先强调自我保护意识的重要性，尤其是青少年，其心理意识有很强的可塑性，通过理论知识学习、观看其他跆拳道训练者因安全意识不强造成伤害的视频、家长的监督和叮嘱等多方面来培养青少年的自我保护意识，使他们能够自觉进行自我保护。例如：训练前进行适当的热身活动、衣服宽松适度、鞋袜温度和干湿程度适合；训练过程中佩戴合格的防护护具；训练后及时做放松运动，衣服鞋袜要及时更换。

七、严格执行规则

跆拳道是按体重级别进行比赛的，体重的差别有一定限度，因此，应严格按照体重级别参加比赛和实战训练并严格执行规则，以规则为准绳。安排体重相差较大的两个学生进行对抗练习，应在教师的监督和指导下进行，教师要全程监控，随时视情况暂停或中止练习，以防止学生发生损伤。跆拳道对抗紧张激烈且变化万千，在比赛中不确定因素较多，偶然性强，双方学生都应将注意力高度集中，认真对待每个环节，保持一定的紧张度，即使在训练中也不可嬉戏或开玩笑，任何放松和疏忽都可能引起伤害事故的发生。

八、重视训练后的身体放松工作

在激烈的训练后，肌肉会紧张疲劳，心率还未恢复到正常的水平，学生会因懒和累以及时间原因，忽略做最后的放松活动。长期如此，肌肉会变得僵硬，容易发生损伤。因此在训练后教师最好带学生一起进行放松活动。

第六章 基于课程资源的跆拳道运动教学方法创新

随着我国教育改革的不断深入，课程资源作为新兴概念进入教育领域，成为广大教育者和实践者的研究对象，成为教育领域探讨的新亮点，教学方法的革新可以说是我国课程改革的明显标志。当前，跆拳道的课程资源和教学方法都很丰富，笔者希望在跆拳道运动教学中，通过将两者融合，使教学方法能得到有效创新。

第一节 课程资源的基本内涵

一、课程资源的概述

现代课程理论之父——泰勒对课程资源的定义：寻求目标、选用教学活动、组织教学及在制定评估方案过程中可利用的资源。在此基础上，人们对课程资源进行研究，主要侧重于教学课程的编制、课程内容的确定、课程目标的明确、教学内容价值取向的确定、课程内容的评价等方面的问题。到目前为止，人们对课程资源的定义有很多，主要集中在以下几点。

第一，课程的概念有广义和狭义之分：广义的课程资源是指有利于实现课程和教学目标的各种因素；狭义的课程资源仅指形成课程与教学的直接因素的来源。

第二，课程资源是指可以进入课程活动，直接成为课程活动内容或支持课程活动进行的一切物质和非物质资源。

第三，课程资源是指形成课程的要素来源，以及实施课程的必要且直接的条件。

课程资源的优点在于利用课程资源开展的教学活动，教学训练比较直观而且操作性强。通过对课程资源更加深入的研究，可以发现课程资源的潜在作用还没有挖掘出来，这部分内容称为待开发资源，即课程资源中不外显的课程内容，它存在的价值、内容、结构、形式、功能等都是潜在的，因此大多不能直接作用于学生。这就需要对课程资源施加主体内容才能对其进行开发和利用，才能带来一定的价值，才能将课程资源转化为教学内容，运用在学生身上，发挥出课程资源应有的作用及价值。

二、课程资源分类

（一）根据来源

根据来源（课程资源分布）的不同，课程资源可分为校内课程资源和校外课程资源。

1. 校内课程资源

校内课程资源包括：校内的各种场所和设施，如图书馆、实验室、专用教室、信息中心、实验实习农场和工厂等；校内人文资源，如教师群体特别是专家型教师、师生关系、班级组织、学生团体、校纪校风、校容校貌等；与教育教学密切相关的各种活动，如实验实习、座谈讨论、文艺演出、社团活动、体育比赛、典礼仪式等。校内课程资源是实现课程目标，促进学生全面发展的最基本、最便利的资源。课程资源的开发与利用首先要着眼于校内课程资源。没有校内课程资源的充分开发与利用，校外课程资源的开发与利用就成为奢谈。

2. 校外课程资源

校外课程资源包括学生家庭、社区乃至整个社会中各种可用于教育教学活动的设施和条件以及丰富的自然资源。其中，社区的图书馆、科技馆、博物馆、纪念馆、气象站、地震台、水文站、工厂、农村、部队以及科研院所等都是宝贵的课程资源。学生家长与学生家庭的图书、报刊、电脑、学习工具等也是不可忽视的课程资源。丰富的自然资源是我们生存和生活的基础，也是我们开发与利用的重要课程资源。校外课程资源可以弥补校内课程资源的不足，充分开发与利用校外课程资源能为我们转变教育教学方式、适应新课程提供有力的支持和保证。

（二）根据性质

根据性质的不同，课程资源可分为自然课程资源和社会课程资源。自然资源与社会资源有着明显的不同，前者的突出特点是"天然性"和"自发性"，后者的特点是"人工性"和"自觉性"。但是，它们都可以经过不同的开发转变为可以利用的课程资源，以服务于教育教学活动。

1. 自然课程资源

自然课程资源包括：用于生物课程的动植物、微生物等；用于地质、地理课程的地形、地貌和地势等；用于气象课程的天气、气候、季节等；用于艺术课程的自然景观等；用于生态课程的生物链、生物圈等。认识自然，融入自然，与自然界和谐共处，是学生素质养成的重要内容，也是整个课程编制过程应体现的一个基本理念。

2. 社会课程资源

社会课程资源包括：为了保存和展示人类文明成果的公共设施，如图书馆、博物馆、展览馆等；可以陶冶学生情操的道路的线条美、雕塑的造型美、音乐的节奏美等；人类活动的交往，如政治活动、经济活动、司法活动、军事活动、外交活动、科技活动等。此外，影响人类社会的生产生活的价值观念、宗教伦理、风俗习惯等与教育教学活动有着直接的关系，因而也是不可或缺的课程资源。

（三）根据载体

根据载体的不同，课程资源可分为文字课程资源和非文字课程资源。

1. 文字课程资源

文字性课程资源以文字为载体，包括教科书、各种图书期刊、报纸上的文字等。

2. 非文字课程资源

非文字性课程资源以图片、实物、音频、视频和活动等为载体，包括实物资源、活动资源和信息化资源。

（四）根据存在方式

根据存在方式的不同，课程资源还可以分为显性课程资源和隐性课程资源。

1. 显性课程资源

显性课程资源是指看得见摸得着，可以直接运用于教育教学活动的课程资源，如教材、计算机网络、自然和社会资源中的实物、活动等。作为实实在在的物质存在，显性课程资源可以直接成为教育教学的便捷手段或内容，相对易于开发与利用。

2. 隐性课程资源

隐性课程资源是指以潜在的方式对教育教学活动施加影响的课程资源，如学校和社会风气、家庭气氛、师生关系等。与显性课程资源不同，隐性课程资源的作用方式具有间接性和隐蔽性的特点，它们不能构成教育教学的直接内容，但是它们对教育教学活动的质量起着持久的潜移默化的影响。所以，隐性课程资源的开发与利用更需要付出艰辛的努力。

（五）根据功能特点

根据功能特点的不同，可以把课程资源划分为素材性课程资源和条件性课程资源。

1. 素材性课程资源

素材性课程资源的特点是作用于课程，并且能够成为课程的素材或来源。它包括知识、技能、经验、活动方式与方法、情感态度和价值观等方面的因素。

2. 条件性课程资源

条件性课程资源是作用于课程却并不是形成课程本身的直接来源，但在很大程度上决定着课程的实施范围和实施水平，间接制约课程的实际效果和人的现实发展水平。它包括人力、物力、财力、时间、场地、媒介、设备、设施和环境，以及对课程的认识状况等因素。

（六）根据课程的制约因素

根据课程的制约因素的不同，可将课程资源分为三类：原生性课程资源（知识）、内生性课程资源（学生）、外生性课程资源（社会）。

第二节　教学方法的基本内涵

教学方法是教师和学生为了实现共同的教学目标，完成共同的教学任务，在教学过程中运用的方式与手段的总称。教学方法是指具体的教学方法，从属于教学方法论，是教学方法论的一个层面。教学方法论由指导思想、基本方法、具体方法、教学方式四个层面组成。教学方法包括教师教的方法（教授法）和学生学的方法（学习方法）两个方面，是教授方法与学习方法的统一。

我国常用的教学方法从宏观上讲主要有：以语言形式获得间接经验的教学方法，以直观形式获得直接经验的教学方法，以实际训练形式形成技能、技巧的教学方法等。这些教学方法之所以经常被采用，主要是因为它们都有极其重要的使用价值，对提高教学质量具有特定的功效。但任何教学方法都不是万能的，它需要教者必须切实把握各种常用教学方法的特点、作用、适用范围和条件，以及应注意的问题等，使其在教学实践中有效地发挥作用。

一、教学方法概述

（一）中外对教学方法的不同定义

由于时代、社会背景、文化氛围的不同，以及研究者研究问题的角度和侧重点的差异，中外不同时期的教学理论研究者对"教学方法"概念的定义也不尽相同。

（二）教学方法不同定义之间的共性

（1）教学方法要服务于教学目的和教学任务的要求。

（2）教学方法是师生双方共同完成教学活动内容的手段。

（3）教学方法是教学活动中师生双方的行为体系。

（三）教学方法的内涵

教学方法，是教学过程中教师与学生为实现教学目的和教学任务要求，在教学活动中所采取的行为方式的总称。教学方法的内在本质特点如下。

（1）教学方法体现了特定的教育和教学的价值观念，指向实现特定的教学目标要求。

（2）教学方法受到特定的教学内容的制约。

（3）教学方法受到具体的教学组织形式的影响和制约。

二、教学方法分类

（一）以语言形式获得间接经验的方法

这类教学方法是指通过教师和学生口头语言活动及学生独立阅读书面语言为主的教学方法。它主要包括讲授法、谈话法、讨论法和读书指导法。

1. 讲授法

讲授法是指教师通过简明、生动的口头语言向学生传授知识，发展学生智力的方法。它通过叙述、描绘、解释、推论来传递信息，传授知识，阐明概念，论证定律和公式，引导学生分析和认识问题。

2. 谈话法

谈话法也叫问答法。它是教师按一定的教学要求向学生提出问题，学生回答，并通过问答的形式来引导学生获取或巩固知识的方法。谈话法特别有助于激发学生的思维，调动学生学习的积极性，培养他们独立思考和语言表述的能力。初中，尤其是低年级常用谈话法。

谈话法可分为复习谈话和启发谈话两种。复习谈话是根据学生已学教材向学生提出一系列问题，通过师生问答形式帮助学生复习、深化、系统化已学的知识的。启发谈话则是根据学生已有的知识和经验提出问题，一步一步引导他们去深入思考和探索新知识的。

3. 讨论法

讨论法是指在教师指导下，由全班或小组围绕某一种中心问题，通过发表各自意见和看法，共同研讨，相互启发，集思广益地进行学习的一种方法。

4. 读书指导法

读书指导法是教师指导学生通过阅读教科书、参考书以获取知识或巩固知识的方法。学生掌握书本知识，固然有赖于教师的讲授，但还必须依靠他们自己去阅读、领会，才能消化、巩固和增长知识。只有通过独立阅读学生才能掌握读书方法，才能提高自学能力，养成良好的读书习惯。

（二）以直观形式获得直接经验的方法

这类教学方法是指教师组织学生直接接触实际事物并通过感知获得感性认识，领会所学知识的方法。它主要包括演示法和参观法。

1. 演示法

演示法是教师把实物或实物的模型展示给学生，或通过示范性的实验，通过现代化教学手段，使学生获得知识的一种教学方法。它是辅助的教学方法，经常与讲授、谈话、讨论等方法配合使用。

演示教学能使学生获得生动而直观的感性知识，加深对学习对象的印象，把书本上的理论知识和实际事物联系起来，形成正确而深刻的概念；能提供一些形象的感性材料，引起学生学习的兴趣，集中学生的注意力，有助于学生对所学知识深入理解、记忆和巩固；能使学生通过观察和思考，进行思维活动，发展观察力、想象力和思维能力。

2. 参观法

参观法是根据教学目的的要求，组织学生到一定的校外场所，如自然界、生产现场和其他社会生活场所等，使学生通过对实际事物和现象的观察、研究获得新知识的方法。

（三）以实际训练形式形成技能、技巧的教学方法

这类教学方法是以形成学生的技能、行为习惯，培养学生解决问题的能力为主要任务的一种教学方法。它主要包括练习、实验和实习等方法。

1. 练习法

练习法是指学生在教师的指导下，依靠自觉地控制和校正，反复地完成一定动作或活动方式，借以形成技能、技巧或行为习惯的教学方法。从生理机制上说，通过练习使学生在神经系统中形成一定的动力定型，以便顺利、成功地完成某种活动。练习法被广泛应用在各科教学中，如工具性学科（如语文、外语、数学等）和技能性学科（如体育、音乐、美术等）等。练习法在巩固知识，引导学生把知识应用于实际，发展学生的能力以及形成学生的道德品质等方面具有重要的作用。

2. 实验法

实验法是指学生在教师的指导下，使用一定的设备和材料，通过控制条件的操作过程，引起实验对象的某些变化，从观察这些现象的变化中获取新知识或验证知识的教学方法。在物理、化学、生物、地理和自然等学科的教学中，实验是一种重要的方法。一般实验是在实验室、生物或农业实验园进行的。有的实验也可以在教室里进行。实验法是随着近代自然科学的发展而兴起的。现代科学技术和实验手段的飞跃发展，使实验法发挥越来越大的作用。通过实验法，可以使学生把一定的直接知识同书本知识联系起来，从而获得比较完全的知识，又能够培养他们的独立探索能力、实验操作能力和科学研究的兴趣。它是提高自然科学有关学科教学质量不可或缺的条件。

3. 实习法

实习法（或称实习作业法）就是教师根据教学大纲的要求，在校内外组织学生参与实际的学习操作活动，将书本知识应用于实际的一种教学方法。这种方法能很好地体现理论与实际相结合的精神，对培养学生分析问题和解决问题的能力，特别是实际操作能力具有重要意义。实习法，在自然科学各门学科和职业教育中占有重要的地位。这种方法和实验法比较起来，虽有很多类似的地方，但它在让学生获得直接知识，验证和巩固所学的书本知识，培养学生从事实际工作的技能和技巧以及能力等方面，却有特殊的作用。

第三节　跆拳道课程资源分析

跆拳道的课程资源主要包含四方面的内容：一是人力资源；二是物力资源；三是信息资源；四是文化资源。课程资源的丰富性很大程度上影响着课程的开展情况。课程资源是有效实施跆拳道课程的重要组成部分，对跆拳道进行课程资源的开发和利用最重要的是认真分析与跆拳道有关的各类资源，从中寻找到有用的课程目标和课程内容，从而确保跆拳道教学的有效性和实用性。

一、人力资源

人力资源是国家的第一资源，主体依然是人，是人在思想、知识、经验、文化、教育和技巧等多方面的综合表现，主要的构成因素是人自身的知识、身体素质、技能、体力。但跆拳道的人力资源与人力资源存在一些不同，因为跆拳道课程的实施者和实施对象两方面都是人，人力是两者的共同点。跆拳道的人力资源分为三类：一是教师资源；二是学生资源；三是家长资源。

（一）教师资源

跆拳道教师本身就是一种重要的课程资源，不同的教师所具有的不同特点（年龄、性别、技术技能的高低、教学经验的丰富程度等）会对实施对象有不同的影响。因此，跆拳道教师应该具备高尚的道德情操、扎实的跆拳道技术、专业的教学能力。合格的跆拳道教师还要有一个健壮的身体，并能保持各种活动和运动能力，这样才能充分体现出跆拳道的动作准确到位、节奏分明、精气神十足的完美性，从而提高学生学习的积极性和掌握动作的质量。

（二）学生资源

学生资源既是课程资源的实施对象，也是课程的主体，如果不承认学生在教学过程中的主体地位，就无法真正开发和利用好这一重要资源。学生的特点（年龄、性别、兴趣爱好、学习基础等）是开发教学方法与手段的参考对象，要针对不同学生因材施教。教师开发出来的课程资源，需要学生去体验和实施，同时，学生也是课程资源的开发者。学生获取信息的渠道是多种多样的，教师要善于将学生已经掌握的和能够发现的信息作为跆拳道课程资源。

（三）家长资源

家长资源在跆拳道人力资源中居重要地位。家长是孩子成长过程中不可或缺的引导者和监督者，家长对学生兴趣的引导，进行些亲子活动，共同完成教练布置的家庭练习等，既能够激起学生的学习兴趣、增进与学生的感情，同时也起到了一定的监督作用。

二、物力资源

跆拳道课程资源的物力资源指的是在课程教学中的教学场地、教学器材、训练设备等。总而言之，跆拳道的物力资源包括教学场地、跆拳道专用的垫子、保护护具、训练沙袋、脚靶和其他硬性设施。从跆拳道的实施对象和各类物力资源的特点进行分类，物力资源可分为五类。

一是专业的训练和比赛服装。

二是训练和比赛过程中的专业护具。

三是教学和训练的专业器材。

四是训练的辅助器材。

五是表演过程中的器材。

三、信息资源

跆拳道课程资源中的信息资源的内容很丰富。现代社会属于信息社会，信息的来源渠道有很多，无论是书籍、杂志、报纸，还是视频、赛事、培训等，都可以在网络上找到资源。信息资源包括信息的获取和信息的传播，教师可以将学生的训练视频记录下来，放在网上让社会更加了解跆拳道的训练价值和意义，而且教师也可以在课堂上播放顶尖的跆拳道比赛视频，对其进行技术分析，从而让学生在学习过程中有个学习目标，教师也可以有针对性地对学生进行教学，提高教学价值。

四、校外资源

跆拳道的校外资源也很丰富，选择的范围广，与其他的资源紧密相关。跆拳道的课外资源主要有学习观摩、观看比赛、户外拓展训练、户外拉练训练、参加跆拳道等级比赛，以及教师培训等。一门课程的发展和未来前景与该课程比赛赛事的热度紧密相关。比赛不仅能够激发学生的学习热情，而且还能为学生提供学习和交流的平台。因此，要鼓励学生参加校外跆拳道相关活动，在此过程中，教师要尽可能多地给予指导。

五、文化资源

人与动物之间的区别就在于人有文化。人的文化包括了从人出现至今所有的语言、生活习俗、人文信仰、传统礼仪、文学修养、艺术文化等精神财富。跆拳道的文化资源主要包括以下四点。

（一）礼仪

跆拳道比赛虽然是以双方格斗的形式进行的，但是不管它怎样激烈，比赛双方都以提高技艺和磨炼意志品质为目的，在双方各自的内心深处都必须持有向对方表示敬意和学习的心理。因此，在练习或比赛前后都一定要向对方敬礼，即跆拳道运动始终倡导的"以礼始，以礼终"的尚武精神。"礼仪"是跆拳道运动必不可少而且十分重要的组成部分。

（二）道服与道带

跆拳道道服多以白色为主，洁白无瑕，干净整齐，用以展现练习者的精神气质，因此，练习者应养成爱惜自己的道服、训练完之后应整理好的良好习惯。不同的道带颜色代表不同的级别，每个级别的道带都代表了对练习者相应的期望和要求。跆拳道道服与道带的要求表明了跆拳道运动鼓励练习者积极向上、追求卓越的精神。

（三）内容

文化资源内容的主要部分是教学内容，包括我们需要参考的内容资源，甚至是在教学内容的实施过程中所反映出来的教学方法和经验。

（四）语言

语言往往是反映一个国家文化的重要标志。由于跆拳道运动是从韩国流传过来的，因此在教学过程中我们需要对韩语有一个基本的了解，可采用简单的韩语进行教学，以便体现跆拳道的特色和文化、激发学生的学习兴趣，促进学生对跆拳道进行全面的了解。

第四节 课程资源发展影响下的跆拳道运动教学方法创新

教学方法改革与创新是指要让师生思想、情感、潜能、智慧得到开发，发挥师生积极性、主动性、创造性，摒弃无视受教育者主体性的观点。教学方法的创新必须站在教育理论基础和教学规律的基础上，不能盲目地采取举措。所以我们的创新思路可以从以下三点出发：一是改变传统教学思想；二是树立以学生为主体的教育思想；三是与现代化、科学化的教学手段相结合。基于课程资源发展影响下的跆拳道运动教学方法创新主要是在人力、物力、信息、校外、文化资源方面的开发。

一、对人力资源的开发

跆拳道人力资源的开发与教学方法创新如图 5-1 所示。

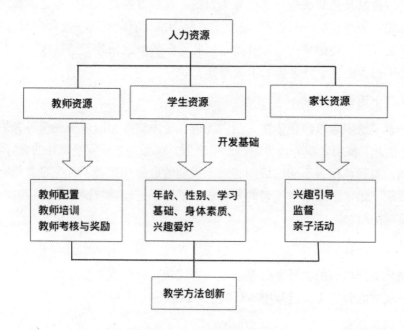

图 5-1　跆拳道人力资源的开发与教学方法创新

（一）对教师资源的开发与教学方法创新

在进行跆拳道运动教学时，学生的身体素质、体力、经验、技巧、天赋等方面都存在着极强的个体差异性，因此教师在安排教学内容时，要根据学生的实际情况来进行设计。教师是教学的主导者，教学方法的改革和创新也需要教师的参与，这也使教师在教学过程中使用的教学方法更为严苛，在跆拳道运动教学中，不仅要将跆拳道的技术传授给学生，更要对学生进行引导，使其能够正确地运用技术，从而激发学生的自主训练意识。在对教师进行资源管理时，也要不断地对教师进行培训，提高他们的业务水平，然后定期对教师进行教学能力考核，从而整合教学资源，将师生资源优化分配。

（二）对学生资源的开发与教学方法创新

对学生资源的开发，首先应该考虑学生的特点，根据学生的年龄、性别、段位、基础、身体素质，有针对性地运用。例如，有的学生适合练品势、有的学生适合练竞技、有的学生热衷于特技，在保证学生基础训练的前提下，要合理地分组教学，有针对性地强化，在教学中才能保持学生的学习兴趣，并且能够展现学生的个性和技术特点，各有所长，就不会造成所有人千篇一律，技术平平。

要根据学生年龄特点，遵循身体发展规律。例如：10 ～ 13 岁，是培养学生速度素质的敏感时期，那么教师就要有针对性地设计教学训练方案，发展学生的速度素质；少年儿童主要发展其灵敏、柔韧、速度，适当发展学生的力量和耐力，随着年龄的增长，逐渐增加对力量和耐力的训练。在教学方法创新的过程中，要重视学生的主体性，教师应该改变只重视学生技术水平的观念，秉承现代教学理念，重视学生在学习过程中的主体地位和能动作用，激发和保持学生学习的动机和兴趣，培养学生的主体精神。

（三）对家长资源的开发与教学方法创新

家长是孩子天然的教师，在引导学生的兴趣方面有天然的优势。家长可以通过参加亲子活动，跟孩子一起练习。例如，很多跆拳道馆就开设了亲子课堂这样的班级。这种形式的教学，使家长在孩子练习的同时也得到了锻炼，也为家长和孩子增进感情提供了机会。

二、对物力资源的开发

跆拳道物力资源很丰富，对学生的学习效果影响也很大，通过合理运用物力资源，能够有效提高学生的训练效率和专业水平，而且随着科技的发展和教学资源的增加，跆拳道物力资源的开发在跆拳道运动教学方法上有着积极的促进作用。通过对物力资源的整合，能够促进教学器材的发展和创新，从而推动教学方法的创新。

（一）场地的设计

对于场地，可以使用不同颜色的道垫，进行特意的摆放、组合，以便设计出特定的教学情景。例如，可以设计一个游戏的情境或针对某一技术动作设计一个教学情境，这也是情境教学法的体现。这样做可以让学生融入其中，在教师的深度引导下完成教学目标，达到最好的教学效果。

（二）器材的开发

科学技术的快速发展，为器材的开发提供了技术支撑与指导。与传统的教学相比，科技手段的注入和运用在教学中的比重越来越大。所谓"工欲善其事，必先利其器"，新技术、新材料给跆拳道运动的发展带来了翻天覆地的变化。例如：在少儿的教学中，脚靶上加入声响和印上图画，可以增添乐趣，提高学生的学习兴趣；可以通过增加道垫的密度来增加其弹性；运用电子感应和热感应的原理设计沙袋，可以直接显示练习者踢击的次数，提高教学效率；在护具中运用电子感应器件，能提高比赛的准确性和公平性；简单的挂图能提高学生学习的直观性；在跆拳道表演中组合板的使用，相对木板能够节约资源、重复利用。

辅助训练器材在跆拳道运动教学训练中运用的比重越来越大。例如，教学设施中的软梯，可以用在做准备活动时，提高学生的兴趣，也可以用在素质训练环节和素质训练课中，提高学生的灵敏、速度素质，提高学生的协调性。在训练中正确运用瑞士球、平衡垫，可以练习动作的稳定能力，增加核心肌群的肌肉力量，促进身体正确姿势的发展。

对物力资源的开发，有利于提高跆拳道课堂效果。器材是体育课的重要组成部分，在课堂教学中运用器材将在很大程度上带动学生学习的积极性和对体育运动的热爱，同时也有利于教学内容的传授。场地器材设备等物力资源对跆拳道教学方法影响较大，是影响体育教学方法的主要因素。

三、对信息资源的开发

信息资源在跆拳道运动教学中具有重要作用，这种信息的来源可以是跆拳道书籍、杂志，也可以是网络视频、图片等，这些信息资源可以很方便地在网络中找到。信息资源可以在跆拳道运动教学中发挥以下作用：其一，信息资源可以为教学内容提供资源，从而让我们的教学内容变得丰富多彩，不再单调乏味；其二，可以通过先进的信息化教学手段进行远程教学，让人们在千里之外就可以接受最前沿的跆拳道知识和技术。

现如今在各个行业领域都非常流行着一个网络用词——"互联网+"，它利用信息通信技术以及互联网平台，让互联网与传统行业进行深度融合，创造发展出新的生态，将跆拳道运动的发展与互联网这个平台结合，会使跆拳道运动教学的发展达到一个新的高度，具体做法如下。

第一，在课堂教学中，对于一个新的内容，不仅可以通过教练的示范让学生了解动作，还可以先让学生观看视频，了解动作的过程、结构、要求，在头脑中形成一个基本的动作表象，从而提高学生的学习兴趣，进而使其更好地掌握技术要领。当然，我们也可以通过图片、挂图等方式来展示某一个技术动作，期间可以设计一个环节，让学生把动作画出来，让学生主动去思考，投入其中，这不失为一种好的教学方法创意。

第二，通过网络不仅可以观看视频、图片和查阅资料，还可以进行远程教学，远程培训，如在较远的地方举行非常有意义的培训，在举办方的许可下我们通过网络就可以进行学习。

第三，我们可以利用多媒体课件进行辅助性教学，根据教学内容有针对性地设计一些直观优美的计算机辅助教学（CAI）课件。首先这种课件要能够正确地展现动作的完整过程，学生能够从多个方位来观察这个动作，使学生对这个动作有一个基本的了解和认知，弥补教师在讲解示范中难以完成的动作解析；其次学生通过这种课件可以体会到动作的正确发力方式和过程，避免有的学生能够把相应的技术动作做出来，但却不知道如何去运用，只是空有其表。让学生自己制作课件，可以调动学生的学习兴趣，并且在制作的过程当中，也能够培养学生主动去思考和探索的精神。

第四，教师可以通过给家长发送训练视频，让家长了解学生的训练情况。教师可以通过训练视频进行技战术分析，从而有针对性地进行教学，提高学生的运动成绩，甚至教师还可以在训练场馆安装监控，实时监控场地，防止意外情况的发生。

跆拳道教学不再仅仅局限于跆拳道技术和文化的传授和学习，还融入了发展学生团队意识、合作精神的体育游戏。利用网络平台，师生可以在课后沟通和交流，学生未掌握的动作或者关于课程建设上的意见和建议都可以通过网络平台进行交流，同学之间还可以共享学习资源，从而缩短教师和学生之间的距离。

四、对校外资源的开发

开发跆拳道校外资源可以从资源的分类上入手。

对于家庭跆拳道教育资源的开发与利用，重点在于跆拳道教师对学生家庭情况的了解，包括学生在家学习的程度、学习的时间和效果等，同时也应该认真听取家长的意见，合理的建议教师应该虚心接受。

对于跆拳道社会教育资源的开发与利用，需要教师积极地关注社会中的跆拳道活动，如一些赛事的举行、新规则的变动等，也需要鼓励和推荐学生参加一些社会中举行的比赛和培训。

校外资源开发的形式有很多，如外出观摩学习、参加比赛培训、户外拓展、户外拉练、亲子活动等。对于校外资源的利用，不仅可以提高学生的运动技能，还可以培养学生吃苦耐劳的精神、坚韧不拔的意志品质、良好的行为习惯，让学生在情感、态度、价值观层面得到提高。

五、对文化资源的开发

文化资源在教学活动中无处不在：首先，教学的根本要求就是实现教学目标，体现在运动知识、技能的获得，情感、态度、价值观的培养上；其次，教学内容和教材本身就凝结着课程文化的积淀，这种积淀包括人类思想和经验及文化本身；最后，从教学的过程来看，教学是一种教师与学生进行交往的形式，在这个过程中，可以培养学生的情感、精神、习惯和社会责任感，这是它的精神文化所在。

（1）采用情境教学法可以对学生进行品格教育，培养学生吃苦耐劳、艰苦奋斗的意志品质和良好的生活习惯。

（2）通过挂图、图画的方式将教学内容展示给学生，可以让学生直观地了解动作的过程、动作的要求、练习的方法等。通过这种方式可以让学生发现问题，从而激发学生学习兴趣，促使其形成运动表象，以达到良好的教学效果。

（3）在进行跆拳道基本腿法的教学训练时应该注意腿法与步法配合、防守与反击配合，以及步法移动，这就需要学生具有良好的节奏感。在技术动作练习过程中，发声扬威，给自己信心，在品势的练习中更要注意动作的刚柔缓急，重心起伏。在教学中，可以加入有节奏感的音乐和带有刺激性的语言口令，这样既能调节课堂气氛又能调动学生的积极性，同时也能提高教学效果。

（4）在教学中，利用语言对学生的思想及心理问题进行合理的引导，会起到良好的效果，从而提高教学的质量。教学组织形式的改进与教学方法的创新是融为一体的。跆拳道课程的组织形式具有多样性，而且练习手段比较多，课堂气氛相对比较活跃。良好的语言和组织能力对教学活动的开展和教学效果的提高具有直接的意义。教学组织过程也是对学生德育培养的直接过程，间接培养学生的行为习惯。

第七章 多媒体技术在跆拳道运动教学中的应用

随着我国学生素质教育课程的改革和发展，越来越多的体育课程出现在学生的选择领域中。跆拳道作为体育选修课程之一，近年来受到了广大学生的关注。跆拳道课程素来以理论和实战教学为主，通过练习一定的动作和格斗技巧来完成课程学习内容。在现代信息技术迅猛发展的大背景下，多媒体教学设备已成了现代课堂教学必不可少的一种辅助工具。

第一节 多媒体技术的现状与发展趋势

多媒体技术是新一代电子技术发展和竞争的焦点。它的出现使计算机世界丰富多彩起来，也使计算机世界充满了人性的气息。多媒体技术从问世起便引起了人们的广泛关注，并迅速由科学研究走向应用、走向市场，其应用领域开始遍及人类社会的各个方面。

一、多媒体技术的含义

多媒体技术是指通过计算机对文字、数据、图形、图像、动画、声音等多种媒体信息进行综合处理和管理，使用户可以通过多种感官与计算机进行实时信息交互的技术，又称为计算机多媒体技术。真正的多媒体技术所涉及的对象是计算机技术的产物，而其他的单纯事物，如电影、电视、音响等，均不属于多媒体技术的范畴。

媒体在计算机行业有两种含义：一是指传播信息的载体，如语言、文字、图像、视频、音频等；二是指存储信息的载体，如只读存储器（ROM）、随机存取存储器（RAM）、磁带、磁盘、光盘等。

多媒体技术中的媒体主要是指第一种定义，就是利用电脑把文字、图形、影像、动画、声音及视频等媒体信息都数位化，并将其整合在一定的交互式界面上，使电脑具有交互展示不同媒体形态的能力。它极大地改变了人们获取信息的传统方法，符合人们在信息时代的阅读方式。多媒体技术的发展改变了计算机的使用领域，使计算机从办公室、实验室中的专用品变成了信息社会的普通工具，广泛应用于工业生产管理、学校教育、公共信息咨询、商业广告、军事指挥与训练，甚至家庭生活与娱乐等领域。

二、多媒体的组成

多媒体技术实质上是综合了计算机、图形学、图像处理、影视艺术、音乐、美术、教育学、心理学、人工智能、信息学、电子技术学等众多学科与技术的一门技术，它集文字、图形、图像、声音、二维和三维动画等各种信息于一体，能充分调动视觉和听觉处理功能。其中多媒体技术主要的处理对象如下。

（1）文字。使用文字编辑软件生成文本文件，或者使用图像处理软件形成图形方式的文字。

（2）图像。图像主要指 GIF、BMP、TGA、JPG 格式的静态图像。图像采用位图方式，并可对其压缩，实现图像的存储和传输。

（3）图形。图形是指采用算法语言或某些应用软件生成的矢量化图形，具有体积小、线条圆滑变化的特点。

（4）动画。动画有矢量动画和帧动画之分：矢量动画在单画面中展示动作的全过程，如 Flash 动画文件；而帧动画则使用多画面来描述动作。

（5）音频信号。音频信号通常采用 WAV 或 MID 格式，是数字化的音频文件。

（6）视频信号。视频信号是动态的图像，具有代表性的有 AVI 格式的电影文件和压缩格式的 MPG 视频文件。

三、多媒体技术的现状

多媒体技术的诸多优势，使得其在很多领域中得到了广泛的应用。

（一）在教育领域的应用

1. 语言教育

传统语言教学方式已经远远不能满足现在学生的需要。教师运用多媒体课件将课程的内容、语言统合在一起，并以生动有趣的画面展现出来，一方面能吸引学生的注意力，另一方面通过生动的动画与多变的表现，将抽象的文字知识变得生动有趣，能使学生在轻松的氛围中完成学习任务。教育心理学指出学习者开放多个感官通道比只开放一个感官通道要能更准确、更有效地掌握学习对象。在绘本阅读中，教师很巧妙地利用了录音笔配合放大的绘本画面，来诠释不同角色的语气语调，使教学变得绘声绘色。

2. 科学教育

在科学活动中包括了许多抽象的科学道理，并具有较强的严密性，运用多媒体技术可以使抽象深奥的科学知识具体化、形象化、趣味化，从而激发学生对科学的兴趣，使他们主动观察、探索与思考。

3. 数学教育

考虑到数学本身的抽象性，学生数学知识的内化需要借助于"表象作用"，对数学知识的理解要建立在多样化的经验和体验基础上的心理特点，多媒体技术恰恰能为数学教学带来一种新的尝试。多媒体课件色彩鲜艳、画面逼真，特别是具有趣味性和动画的特点，在教学中运用它，可以激发学生学习的兴趣和探索的欲望，使学生始终保持学习的积极性、主动性。

4. 美术教育

美术欣赏教育的对象很广泛，包括绘画作品、雕塑作品、工艺美术作品、建筑艺术、自然景物、周围环境等。像一些世界著名的建筑、世界名画和自然景观，学生一般是没有条件亲自接触的，而多媒体技术的应用为我们创造了美术欣赏的全新舞台。每个人对作品的理解是不同的，学生通过多媒体用自己的眼睛去观察、去感受对象，能全方位地调动视觉和听觉，结合教师生动的语言，加深对作品的理解，从而提高教学效果。

在绘画教学中教师的示范很普遍，手绘示范存在图像小、速度慢、教师背对学生容易遮挡其视线等缺点。运用多媒体技术，教师可以与学生面对面交流沟通，及时对学生的问题做出反馈。多体画面图像可以放大，色彩又鲜艳，能够增强美术教学的情境，优化教学结构。

5. 音乐教育

在音乐活动中，充分合理地利用多媒体进行教学，能够贴近学生心理发展水平的最佳状态，大大激发学生学习歌唱的兴趣。快捷的交流、方便的播放功能避免了因录音机、录像机倒回播放而分散学生注意力，影响学生思维等情况的发生，使教师能更主动地控制教学过程，从而增强教学效果。

6. 健康教育

近几年，安全成了一个人们普遍关注的话题，面对越来越频繁的灾难，人们更应积极地树立防患于未然的理念。当面对灾害时，如何采取有效措施，沉着冷静地保护自己的生命和健康，对于学生来说，是必须掌握的技能。学生健康教育的重要组织方法之一是讲解示范法，而多媒体技术可以通过模拟各种灾害场景，指导学生进行健康教育活动。

7. 社会教育

社会教育往往是许多领域的整合。社会领域的教育具有潜移默化的特点。社会教育要避免单一呆板的言语说教。学生对教师的说教一般难以接受，而多姿多彩、变化无穷的多媒体技术能将空洞抽象的概念制作成影像，帮助学生认识社会、了解社会、明辨是非，促进学生良好思想品德的形成。

（二）在商业领域的应用

1. 信息管理

多媒体信息管理的内涵是将多媒体与数据库相结合，用计算机管理数据、文字、图形、静动态图像和声音资料。多媒体技术可以将商业流通的信息以各种形式引入管理系统，并可采用多种形式输出到使用的领域中。

2. 广告宣传

利用多媒体系统做商业广告宣传具有声像图文并茂的优势。消费者可以使用多媒体触摸屏，选择比较重要的或内容丰富的广告，而不必将录像从头到尾看完。使用多媒体技术制作广告，可增强广告效果，使其更具感染力。

3. 商品导购

商品导购的触摸屏多媒体系统的功能体现在导购方式上，是非常适用的。它可以按部门、类别、型号、商品花色将新商品和重要商品的信息储存在计算机里，并配上美好的音乐和解说词，根据消费者的选择显示出来，或随意组合显示出来；还可对顾客到购物地点的路线进行指引，达到导购的目的。在无人触摸选择时，可以自动反复地介绍各层经营布局和商品分布图。

4. 咨询服务

消费者在生活中遇到的疑难问题，如商品的维护保养知识、质量、价格等，可以通过多媒体计算机信息系统，较快地获得咨询服务。商场可以利用试衣电脑和服装配色系统，了解顾客在购买服装时对样式、型号、色彩的选择。

5. 引导消费

商业企业可以主动地利用多媒体信息向消费者介绍新上市商品的特性、特点和价格等；可以利用多媒体对季节性商品的信息进行重点介绍；也可以利用多媒体制作成动画形式做产品形象介绍。利用多媒体技术可以做到声画相融、人机互相沟通。

6. 内部管理

多媒体在商业企业内部管理中也可以发挥较强的作用，可以将十分复杂的企业内部管理技术变为人们比较熟悉的表现形式，反映直观效果。它按照人们喜欢使用的自然方式处理信息。

（三）在通信领域的应用

1. 数据压缩、图像处理方面的应用

多媒体技术是面向三维图形、环绕立体声、彩色和全屏幕运动画面的处理技术。数字计算机面临的是数值、文字、语言、音乐、图形、图像、动画视频等多媒体的咨询问题，它承载着由模拟量转化成数字量信息的吞吐、存储和运输。随着网络、有线、无线通信系统的迅猛进展，交互式计算机和交互式电视技术的普遍应用，以及视频、音频数据综合服务等应用的进展，对计算机多媒体数据压缩编码、解码技术及其遵循的标准提出了更多更高的要求。

2. 视频、音频信息的处理应用

在多媒体技术当中，存储声音信息的文件格式主要有 WAV、AIF 和 RM 文件。数据压缩技术为图像、视频和音频信号的压缩，文件存储和分布式利用，提升通信干线传输效率等提供了一个行之有效的方法，同时使计算机实时处理音频、视频信息，保证播放出高质量的视频、音频节目成为可能。

3. 网络应用

随着互联网的普及，计算机正经历着一场网络化的革命。在这场革命中，传统的多媒体手段由于其大传输量的特点而与当今网络传输环境发生了矛盾，因此应该致力于在现今的网络传输条件下实现多媒体技术。

（1）减小流媒体文件的体积：在网络环境下实现多媒体技术，一个重要的前提是能在使用者认可的品质下，将庞大的多媒体信息最大限度地减小，即要进行大比例的压缩。然而必须注意的是，这种压缩方法是以牺牲多媒体信息的品质作为代价的，很难奢望这种方法制作出来的多媒体信息能达到传统的多媒体视觉和听觉水平。

（2）信息流传输：除了减小多媒体文件的体积外，网络中的多媒体还有个特点——支持"流"传输方式。所谓"流"是一种数据的传输方式，使用这种方式，信息的同意者在没有接收到完整信息的情况下就能处理那些已收到的信息。这种一边接收一边处理的方式，很好地解决了多媒体信息在网络上的传输问题。

四、多媒体技术的发展趋势

（一）网络化

随着时代的进步，互联网的不断发展对人们的生活和工作产生了重要的影响，而多媒体技术的发展也离不开互联网技术的发展，可以说两者的发展是息息相关、相互影响的。在互联网技术的影响下，多媒体技术会呈现网络化的趋势。通过对信息的同步处理，人们可以实现"面对面"的交流，从而解决一系列问题，这将是多媒体技术网络化的一个重要作用。网络化还包括实现事物的可视化，方便对事物进行深入的了解分析等。网络化的发展使多媒体技术和网络开始结合，对人们的思维方式产生了影响，使人们的工作方式发生了转变。交互的、动态的多媒体技术能够在网络环境创造出更加生动逼真的二维与三维场景。通过实现多媒体技术的网络化，能给人们的生活以及工作带来更大的方便。

（二）集成化

传统的计算机技术的应用，主要是单方面的信息传递，存在一定的局限性，而人们的生活和工作需要的是多种信息的合成和处理，所以在未来多媒体技术的发展中，多媒体技术会更多地致力于多种信息的整合，实现不同信息之间的传递，使得信息能够更加生动形象地展示，以达到人们所需要的效果。此外，计算机多媒体系统还能够通过人的一系列思想活动，对人进行分析处理计算，实现人类和计算机之间的信息交换。

（三）智能化

目前多媒体计算机硬件体系结构和多媒体计算机视频音频接口软件不断改进，尤其采用了体系结构设计和软件、算法相结合的方案，使多媒体计算机的性能指标进一步提高，但要满足多媒体的网络化环境的要求，还需要对软件做进一步的开发和研究，使其具有更高的智能化，不断在各个方面满足人们的需求。在智能化过程中，需要对多媒体进行更多形式的改良，使其不仅有更高的性能，还要更具人性化。

（四）虚拟现实化

多媒体技术的进一步升级发展，会向着虚拟现实化的方向迈进。虚拟现实技术就是对现实生活中的各种境境进行还原，用来满足人们的需要。虚拟现实技术和多媒体技术有着紧密的联系，在对模拟以及传感技术的综合应用下，就能给用户提供真实反映操作对象变化和相互作用的三维图像环境，这样就能构成虚拟的环境，应用特殊的输入输出设备提供和这一虚拟环境相互作用的交互的用户界面，从而能够有效实现虚拟现实技术的人工智能化，这也是未来多媒体技术发展的方向。

第二节　多媒体技术的优势与问题

一、优势

（一）在通信领域

在通信领域，多媒体技术的介入使高速传输丰富多彩的综合信息成为可能。全球移动通信系统（GSM）智能电话、电视会议、综合业务数字网等技术，或者提供多种功能的个人移动通信手段，或者促成隔"时空"的"面对面"对话，都在改变传统的通信观念、手段和内容。人们已经认识到，传统的通信系统必须进行改革，向多媒体化、高速度、高容量、交互性方向发展。

（二）在经济领域

多媒体技术的发展，促成了一种新的产业——多媒体产业。有关资料表明，1995 年世界多媒体市场产值为 200 亿美元，1996 年上升到 290 亿美元，增长率高达 45%，1997 年增长到 380 亿美元，现如今它已成为世界上最大的产业之一。因此，有人说多媒体技术正在推动一种"一本万利"产业的发展。通过网络视频会议来谈生意、进行产品宣传、企业形象设计等已进入运用阶段。多媒体技术把商品信息的流通提升到超高水平，从而使经济交换更方便、更"经济"。可以看出，多媒体技术正在改变经济交换的方式和人们消费的方式，也在增加经济生产、交换、分配和消费的内容。

（三）在科研领域

多媒体技术本身就是科技的内容，然而它又作为科技手段来促进科技的发展。在科研方面，多媒体计算机辅助设计、制造得到广泛运用，虚拟现实技术可以把卫星传来的资料变成与资料来源处相似的"真实环境"。这对远距离、危险性环境下的科研、勘探来说，无疑是一个长足的进步。除此之外，利用多媒体网络进行资料的搜集与处理，对科技活动也有很大的促进作用。

（四）在教育领域

多媒体技术在教育领域的运用特点，可归结为以下几点。

（1）多媒体教学使教学内容由抽象变为直观，便于学生观察和认识，有利于学习和掌握教材。多媒体计算机所提供的刺激不是单一的刺激，而是对多种感官的综合刺激，这对学生知识的获取和掌握，都是非常重要的。心理学家赤瑞特拉曾做过两个著名的心理实验。他的第一个实验是人类获取信息究竟通过哪些途径？他通过大量的实验证实：人类获取信息的途径83%来自视觉，11%来自听觉。这两个途径加起来就占所有途经的94%，可见信息的获取主要来自视觉和听觉。多媒体技术使得信息既能听得见又能看得见，集声、光、形、色、动等为一体，直接对学生的视觉和听觉感官产生作用，这种通过多感官刺激获得的信息量比单一地听教师讲课强得多。信息和知识是密切相关的，获取大量的信息就可以获取大量的知识。他的另一个实验是关于知识保持的，即记忆持久性的实验。结果表明：如果既能听得到，又能看得到，再通过讨论、交流，用自己的语言表达出来，知识保持的时间大大优于传统的教学。而多媒体技术能使学生既可以听到又可以看到，并且还有足够的讨论。这说明多媒体技术的应用不仅有利于学生学习知识，而且有利于知识获取后的保持。

（2）化繁为简、化难为易，提高了教学速度、节省了课时，减轻了教师的劳动强度。

（3）随着科学技术的发展，多媒体技术将与网络技术、仿真技术、人工智能技术等结合起来应用在教育教学中，必将掀起人类教育事业的一场新革命。

（4）多媒体教学有较强的交互性，能提高教学的深度与广度，增加学生学习的主动性，为开发学生创造性思维提供良好的条件。

（5）支持远程教学、个别化教学的交互性多媒体网络环境的出现，改变了以前学校教学的单一模式，把教育推向整个社会，为"大教育""学习化社会"的观念提供了有力支持。

（五）其他领域

现在多媒体技术已经渗入人类生活的大多数领域：人们使用遥控器，从多屏显示的高清晰度电视上选择喜爱的节目；手指轻触按键控制视频的播放；移动鼠标玩生动的游戏；用智能电话谈生意等。我们使用多媒体，看多媒体和有关多媒体的资料、信息，整天谈论多媒体，在多媒体世界中感受"信息社会"强烈跃动的脉搏。所有这些，都可以说明多媒体技术已经深入人类生活的方方面面，一种新的文化现象——多媒体文化已经形成。

二、问题

多媒体技术存在的问题主要集中在通信领域和教育领域。

（一）在通信领域存在的问题

1. 多媒体技术的难点

（1）在输入设备方面：

①录音设备与声卡技术。

②摄像头技术。

（2）在显示技术方面：

①真彩色高分辨率显示技术。

②三维技术。

（3）在处理技术方面：

①压缩技术，包括语音压缩、图像压缩、视频压缩等。

②识别技术，包括语音识别、人脸识别、手语识别等。

（4）在传输技术方面：

①流媒体技术。

②点对点（P2P）技术。

2. 多媒体技术面临的两个难题

（1）信息的获取，包括过采样带来的冗余、数据的传输和数据的存储。

（2）信息的表达，包括准确和丰富两个方面。

（二）在教育领域存在的问题

1. 认识不足，盲目使用

教育部门和各级学校积极鼓励教师运用多媒体技术进行教学和制作课件，并且将其作为教学评优的重要依据，使得各级学校盲目地建设校园网、多媒体教室、精品课程等。

这样导致教师盲目地使用多媒体教学设备，不管是否适合教学过程，是否适合教学内容，是否适合教学策略，也不管学生是否满意，甚至不管教学效果如何，一味地强调多媒体技术在教学中的应用，甚至认为教学手段现代化就是使用电脑、多媒体技术。而教学的中心目的是要培养学生掌握知识能力，课堂设计如果混乱，教法不得当，学生一堂课下来没有学会什么知识，课件再漂亮，电脑技术再高，还是不能让教学质量上一个台阶，这是典型的脱离了教学本质，停留于表面形式主义的做法。

2. 教学机械，教法僵固

不少教师的多媒体教学课件都来自网络，而网上课件一般良莠不齐，都是事先设计好的，而且不管是否适合教学，是否适合学情，拿来就用，只按照课件的设置步骤，机械地给学生演示，教学方法简单，根本谈不上以"教师"为主导，以"学生"为主体的教学策略。一堂课下来，课堂的教与学机械化，师生之间基本没有交流沟通，整个教学过程没有创新，对教学效果的提升非常有限。

3. 课件泛滥，质量不齐

多媒体课件可以分三个等级。低等的课件就是对教材内容的复制，把教材的内容逐段或者逐句复制到 PPT 上。教师授课时照本宣科，不顾学生的感受，上课如同"在会议上做报告"，这是最差的课件。中等的课件对教材内容进行了适当的提炼和总结，但是没有很好地运用多种效果、多种方式来表现所要讲授的内容，也无法体现动画、交互、网络等多平台技术。高等的课件要能够熟练地运用多媒体软件中的各种表现手法，具有很高的艺术水平。目前市场上的多媒体课件多存在内容重点不突出的情况，还出现了好的课件不能得到推广，缺少网络版的课件导致资源不能共享、资源浪费等问题。

4. 教学的基本功水平下降

多媒体课件的使用可以保证课堂内容的结构完整，可以让教学经验不足甚至教学水平有差距的教师飞快成长，可以缩小教师之间的教学水平的差距。但是因为长期利用多媒体课件，首先，会使教师教学功底出现下滑，教师钻研业务的积极性降低，表现在应急能力不强，一旦电脑异常，就无法进行正常的教学；其次，过分依赖课件授课，完全放弃了直观的形态教学模具、板书，使得课堂教学缺少新意；再次，教师利用各种资源，利用别人做好的优秀课件，或者自己以前的课件，本来也无可厚非，但是如果课前不演练，可能会导致课堂上出现错误；最后，有些教师面对课件，就是把课件上的内容读一遍，照本宣科，这样很乏味，还不如不用课件。

第三节　跆拳道运动教学与多媒体技术融合探索

在教学改革向纵深发展的今天，多媒体技术手段进入课堂教学已成为一种趋势。传统的教学模式显然已经满足不了现在教学任务的需求。跆拳道课程一直以来都是以传统的教学模式进行授课的，但是随着更多的人加入跆拳道的学习中时，传统教学模式显然不再适合当下的形式。运用多媒体技术辅助跆拳道运动教学，符合学生的认知特点，能使学生积极主动地获取知识，使每一个学生都得到充分的发展。多媒体教学不仅能够弥补传统教学模式的弊端，还具有一定的优越性和科学性，能让学生达到最佳的学习效果，对跆拳道运动教学具有积极意义。

一、传统的跆拳道运动教学

（一）对理论教学忽视

跆拳道运动教学是一种以实践教学为主的教学模式。跆拳道运动理论对于高校跆拳道运动教学起到了关键性的指导作用。但是在高校跆拳道运动教学中，教师往往只注重实践教学，而忽视了基本的理论教学。在教学中，理论教学的不受重视导致出现了一部分学生不懂搏击技能的现象，甚至在学生的学习过程中因为跆拳道运动理论的缺失，使学生因技术要领缺失而受伤。

（二）教学维度单一

传统教学模式采用教师面授的形式进行授课，这种形式的授课具有悠久的历史，并积累了丰富的教学经验，有其绝对的优势，在教学过程中，教师可以通过情感的诱发、反馈和融入，言传身教进而激发学生学习的积极性，提高跆拳道技战术的掌握程度。在教学过程中教师声情并茂、因材施教，根据学生具体情况灵活掌握教学过程。由于跆拳道技战术教学的特点，其传统教学模式只停留在一个维度的教学层面上，如果能够从三个维度对跆拳道的技战术进行分析教学，就能够使学生建立三维立体的动作表象，直观、立体、全面地学习跆拳道技术，并能够从运动生物力学、体育美学、三维结构的角度去学习分析跆拳道运动技术。

（三）场地、课时有限

跆拳道运动因其运动项目的特点，比较小众化，场地资源较少，致使跆拳道场地数量不能满足教学需要。又因高校一般课时安排较少，一周只有两学时，并且跆拳道运动技术难度高，掌握技术入门比较慢，所以需要学生不断练习和重复技术动作。跆拳道运动课程由实践和理论两部分组成，在有限的学时完成繁重的教学任务比较困难，让学生完全掌握跆拳道技战术就更加困难了。

（四）专业教师缺乏

跆拳道的广为流行使更多高校学生选择学习跆拳道，出现了高校跆拳道教师数量不足的现象。在跆拳道运动教学中，由于教师数量的严重不足，每个教师所教的学生数量会严重超额，很容易出现一些管理不足和缺失的现象。在学生出现问题时，由于学生数量较多，教师不能单独针对个别学生的问题进行深入讲解，而是只能被迫地选择统一讲解形式，将大部学生出现的问题进行解决，教学的质量很难得到保障。

二、跆拳道运动教学与多媒体技术融合的必要性与可行性

（一）必要性

多媒体教学系统基本已经覆盖在大、中、小三个不同层级的学校，移动智能手机的普及，从 4G 到 5G 网络的构建，为信息化教学奠定了硬件基础，教育信息化也必将会成为教育发展的必然趋势。积极推进体育教学信息化建设，可以提升教学效果，完善大学生身心素质，对传统跆拳道运动教学改革具有重要的意义。通过多媒体技术，跆拳道课程学习不再局限于现有的传统课堂模式，学生还可以通过视频、音频、微课堂、翻转课堂等多种方式来学习跆拳道理论和技术知识，掌握技术要领，大大提升了教学效果。同时，跆拳道课程多媒体化建设，满足了当前教育部关于新时期多媒体化教学改革的需求，也是新时期体育课教学改革的关键所在。

（二）可行性

首先，多媒体技术的发展使我们具备了各种各样的终端设备，完善的硬件基础设施已经具备，大学生们也普遍使用笔记本电脑等电子产品，特别是智能手机，以及微信等 App 软件的普及，使多媒体化教学的物质条件已经具备。

其次，青少年学生思维接受能力处于比较高的阶段，如果在这些学生面前出现比较新奇的事物，必定会引起他们的注意。多媒体网络教学就是通过一种全新的教育模式进行教学的，既能吸引学生的好奇心和注意力，又能够使学生主动地参与到教学活动中。

三、跆拳道运动教学与多媒体技术的融合的途径

（1）注意结合体育学科的特点，建构易于实现学科课程整合的新型教学模式。每位教师都应结合各自的学科特点去建构既能实现多媒体技术与课程整合，又能较好地体现新型教学结构要求的新型教学模式。所以模式的类型是多种多样的，不应将其简单化。但是若从最有利于创新人才培养的角度考虑，则有两种基于多媒体技术的教学模式（也就是能够实现多媒体技术与跆拳道课程整合的教学模式）："研究性"学习模式（也叫"探究性"学习模式）和"协作式"学习模式（也叫"合作式"学习模式）。

（2）以先进的教育思想、教与学理论为指导。将多媒体技术与跆拳道课程相结合，是为了彻底改革传统教学结构与实现教育本质，促进大批创新人才成长的目标。因此，多媒体技术与跆拳道课程相结合绝不仅仅是现代多媒体技术手段的运用过程，它必将是伴随教育、教学领域的一场深刻变革。运用建构

主义手段做指导，对于我国教育界的现状特别有针对性，它所强调的以学生为中心、让学生自主建构知识意义的教育思想和教学观念，对我国传统教学结构与教学模式有极大的冲击。建构主义理论是在 20 世纪 90 年代初期，伴随着多媒体和网络通信技术的日渐普及而逐渐发展起来的。可以说，没有多媒体技术就没有建构主义的"出头之日"，就没有今天的广泛影响，它可以给信息技术与各学科课程的整合提供最强有力的支持。

（3）高度重视体育学科的教学资源建设。没有丰富的高质量的教学资源，就谈不上让学生自主学习、自主发现和自主探索，教师主宰课堂、学生被动接受知识的状态就难以改变，创新人才的培养也就落空了。重视教学资源的建设，并非要求所有教师都去开发多媒体素材或课件，而是要求广大教师努力搜集、整理和充分利用互联网上的已有资源，只有在确实找不到与学习主题相关的资源的情况下，才有必要由教师自己去开发。

（4）注意运用"学教并重"的教学设计理论，来进行课程整合的教学设计。最理想的办法是将"以教为主"的教学设计和"以学为主"的教学设计结合起来，取长补短，形成优势互补的"学教并重"教学设计理论，这种理论正好能适应"既要发挥教师主导作用，又要充分体现学生学习主体作用的新型教学结构"的创建要求。在运用这种理论进行教学设计时，应当把多媒体技术作为促进学生自主学习的认知工具与情感激励工具，并要把这观念牢牢地、自始至终地贯彻到课程整合的整个教学设计的各个环节之中。

四、多媒体技术在跆拳道运动教学中的作用

（一）有助于建立运动表象

跆拳道运动相较于其他的运动项目，其本身技术相当简单易学，但是其在练习过程中对学生的发力技术要求较高。由于教师技术水平以及动作整体性、速度等原因，即使教师反复地示范，讲解发力点的要求及其特点，但是仍有很多学生无法正确地获知动作表象，即不能正确地对其进行模仿。而通过多媒体教学的慢放、定格以及分屏展示等功能把复杂的技术动作简单化，可以清晰地将跆拳道动作的要点、难点展现在学生面前。学生可以同时从多个角度对技术动作进行细致的观察并迅速在自己脑海中模拟推演，最终形成较为完整、清晰、具体的动作表象。

（二）有利于及时、准确反馈学习中的问题

运动技术在很多情况下具有自隐性特征，也就是自己的错误动作自己本身

并不认同或者很难发现。例如，在教学中"腾空后踢"动作就具有很强的自隐性，学生在完成腾空动作时，虽然动作并不规范但是自己并不能很好地感知到，往往在教师指出其错误时并不认同，这种现象的出现就造成了教师和学生之间的沟通障碍。但是如若我们利用多媒体技术将学生每次的动作完成情况进行录像，并通过放慢动作回放让学生自己去观察、发现自身的问题所在，这样可以使得学生更好地认识到自身的错误并对其做出及时的改正。

（三）有助于纠正错误动作

在一般的传统体育教学中，都是以班级为单位的集体教学，人数较为集中，教师在教授动作过程中只能是大范围示范，无法做到点对点教授，在学生出现错误动作时更是只能进行简单的纠正并进行集中讲解，致使许多学生的错误动作无法及时得到解决。多媒体教学技术在体育教学课程中的应用可以有效地缓解这种学生技术动作纠正困难的问题，在利用多媒体进行辅助教学的过程中可以通过镜头的调节，采用远写、近写、全写、特写等手段解决教师在课堂上做示范时，由于学生站位、角度不同而不能全方位观察的不足，特别是腾空跳跃的动作学生难以看清，而速度减慢的话，又影响示范动作的节奏性和准确性。多媒体技术在体育课程中的应用在很大程度上缓解了教师的教学压力，增强了学生技术动作的准确性，是高校体育课程的重要辅助手段。

（四）有助于调整教学进度

在跆拳道运动教学中运用多媒体技术进行教学或者辅助教学，教师可根据教学过程中学生的实际掌握情况，随时调整自身的教学模式以及进度，最大限度地达到全面教学的目的，从而使接受能力较强的学生可以对比观察分析自身技术上的不足之处，拓宽自身技术水平以及知识面；而学习能力较差的学生也可通过多媒体技术的形象介绍，加深对跆拳道动作表现的印象，更好地进行学习和锻炼。

第四节　多媒体技术在跆拳道运动教学中的具体应用

随着多媒体技术的发展，其在现代教学中也得到了广泛应用。多媒体运动教学具有更加充分的空间，将多媒体技术应用于跆拳道运动教学中，会使一些比较抽象、晦涩难懂的内容，以比较清晰明白的方式展现出来，特别是一些非语言类的东西，采取多媒体教学以后，如跆拳道的一些动作指导，以画面的方式展现出来，会让学生更加容易接受，能帮助学生更好地去模仿。在跆拳道课程中应用多媒体教学的方式，是对传统体育教学模式的一次突破。

一、具体应用

多媒体技术应用在跆拳道运动教学中最大的优势是教学的直观性和生动性。针对不同学生的不同特点，结合上课地点的实际情况，教师可以选择最合适的多媒体技术来进行辅助教学，用相对短的时间来取得较大的教学成果。

（一）视频应用

视频辅助教学是指在课堂上通过视频的方式，将一些比较好的跆拳道运动教学视频展示给学生，简单的地方可以快速播放，复杂的地方可以慢速、反复地播放。通过视频辅助教学，学生能够对先进的跆拳道学习方法有更加直观的了解，并且能够在脑海里留下更加深刻的印象，对于学员自主学习兴趣的激发很有帮助，在一些关键的节点，结合教师讲解，再将视频进行有针对性的反复播放，一定能够取得良好的教学效果。在理论教学中，很多东西是枯燥无味的，一些关键性的技术动作，单单靠教师讲解是很难完全解释清楚的，但是，借助多媒体技术，教师可以将一些难以解释清楚的内容，通过视频、图片等方式展示出来，学生就能够更加直观地进理解，对所学的知识就会有一个更加深刻的印象。例如，进行跆拳道后旋踢的练习，一直是教学的难点，因为这牵扯到了好几个动作的结合，往往学生看清了这个动作却没看清那个动作，但只有将所有的动作都看清楚才能够做好这个技术动作，这时，应用多媒体技术就可以将整个技术动作过程进行慢化、细分，学生就能够一点点详细地看清楚整个动作过程，再结合教师在现场的一些演示，学生就能够深刻地理解了。同时，没有条件去现场的学生也可以通过视频进行学习，能够有效地把优质的学习资源传播给每一名需要的学生，促进教育的公平性。

（二）录像的应用

通过多媒体技术中的录像技术可以将学生的动作过程详细地录制下来，然后教师对学生的动作进行详细的分析、评估，找出动作过程中的不足，并告诉学生改进的要领，学生再次进行练习，教师再次进行分析，如此不断地强化学生技术动作的准确性，从而使动作越来越完美，越来越准确。这种教学方法的效率较高，学生通过录像的回馈，能够直观地看到自己的缺点，有针对性地进行练习纠正。当前这种教学模式已经在很多地方得到了应用，并且也得到了大部分相关专业人士的认可，但还存在一定的不足，仍然需要相关人士继续完善。

（三）CAI 课件的应用

所谓的 CAI 课件，就是指一种综合性比较强的教学模式，里面集成了视频、文字、声音等要素，对一些学生难以理解的教学部分进行深入浅出的分析，使学生能够准确地理解学习内容。将 CAI 应用到跆拳道运动教学过程中，能够使学生深入地理解跆拳道的一些关键动作的技术要领，理解关键的理论知识，明白如何来纠正自己的一些错误动作。在这种教学模式下，学生的积极性和主动性能够更好地发挥出来，从而使学生能够熟练地掌握理论知识，更好地去指导实践。CAI 课件的制作根据讲解内容的不同也是不同的，比如说对一些基本概念的讲解，只需要链接视频和文字讲解就可以了，如果是高水平的运动员，那么还可以加入一些高级的功能，如心理方面的讲解等。

（四）连拍图片的应用

通过连拍方式，可以在很短的时间内连续地对跆拳道动作进行拍摄，比较好的数码相机的连拍速度能够达到每秒钟十几张。在传统的跆拳道课程中，一般都是通过教师的理论讲解和实际示范来教授一个技术动作的，教师可能会反复地示范好几遍，对于重点的部分会更多地重复，教师往往为了教学很辛苦，但是学生往往对此的印象不是很深刻，教师的辛苦没能换来学生对动作要领的掌握。但是通过连拍图片的方式，就能够将一个需要讲解的技术动作分解成许多连续的图片，然后把这些关联的图片展示给学生看，这些图片非常直观，能够加深学生对动作的理解，从而更好地练习技术要领。在进行跆拳道运动教学时，教师还可以借助高精度的数码相机，将学生的练习过程连拍下来，然后对照片进行分析，找出学生在技术动作方面存在的不足，进行纠正，从而更好地指导学生完成正确的技术动作。

二、将多媒体技术运用在跆拳道运动教学方面的优势

第一，将多媒体音频技术运用到跆拳道运动教学中会对其产生很大的推动作用。通过影像处理技术，能够将教学细节进行放大展示，这样学生就能直观地看出技术动作的要点所在，对学生进行高难度动作的攻克有很大的帮助。传统的教学方式只能通过自身对技术动作的领悟才能够学到高难度的动作，这样会消耗大量的精力，并且要花费好几天的时间才能掌握。而运用这种技术，学生能够通过视频技术将自己的训练视频传输到计算机中，通过计算机的分析，给出准确的结论，可以很快找出自己的不足，而且通过计算机还可以将自己的动作进行反复观看，这样也能找出自己的不足；这便是多媒体技术带给跆拳道

运动教学的推动作用。

第二，多媒体技术与跆拳道教学相结合以后，学生对教师的依赖程度就会大大减小。多媒体技术不仅能帮助学生提升跆拳道技术水平，还能够使学生充分地认识自己。有了多媒体技术的帮助，学生可以将自己平时的训练录制下来，这样通过反复观看便能够找出自己的问题所在，而且还可以利用计算机将自己的视频与高水平运动员的训练视频进行对比，这样就能够找出自己不足。而且，学生还可以通过网络手段将自己的训练视频进行分享，让更多的教师给出指导意见，与其他教师进行交流，打破了一位教师训练很多学生的弊端，反而成了多个教师对自己进行指导。这是一个非常有效的学习方式，对促进跆拳道运动教学有重要意义。

第三，由于传统教学模式的弊端，很多学生心里想学跆拳道但却没机会学，而多媒体教学的出现，能够极大地提高学生学习跆拳道的热情。多媒体教学不仅能够使学生高效地学到技术动作，还能够在学习的同时给自己带来很多的乐趣，这是传统教学模式无法做到的。传统的教学模式过于死板，而多媒体教学却非常生动、直观，这对调动学生学习跆拳道的积极性有很大帮助。

三、结论

通过分析我们可以知道，多媒体技术对于推动跆拳道运动教学的现代化具有重要意义，不仅能够有效地提高课堂教学效率，还能调动学生学习的积极性，激发学生主动学习的兴趣。通过视频辅助教学，学生能够掌握一些先进的学习方法，扩充他们的知识面；通过录像教学，学生能够直观地看到自己的不足，更加有针对性地去提高自己的专业技能；CAI 教学能够使学生对理论知识有更加深刻和正确的理解，便于学生理论联系实际，及时地改正错误；通过连拍图片的方式，能够发现学生细微的技术错误，从而有针对性地对学生进行指导。

在实际的教学过程中，多媒体教学固然重要，是一种新型的教学模式，但是也不能够否认传统教学模式在教学工作中所发挥的重要作用，教师一定要协调好这两者之间的关系，使他们的结合产生一个好的效果，要注意多媒体教学是一种辅助教学，教师在利用多媒体进行教学的同时还应该适时地对学生进行引导。同时，教师也要不断地提高自己的专业技能水平，能够熟练地操作各种多媒体设备。此外，教师还应该紧跟时代的步伐，不断地对多媒体教学方法进行探索更新。

第八章 "三生教育"理念对跆拳道运动教学的影响

教育教学改革一直都是社会关注的重点。随着教育教学改革的推进，很多新的教育理念应势而生。由于单纯的应试教育存在着一定的弊端，因此"三生教育"理念开始盛行，并且逐渐成了素质教育的一个重要组成部分，并且在各类教学中慢慢应用开来。当前，"三生教育"理念对跆拳道运动教学来说是一个切实可行的教学理念。"三生教育"理念更加重视对学生思想的影响，能够帮助学生深刻认识到体育锻炼的重要性，从而使学生更加主动地参与到学习中来，并且学生利用该理念能够更好地理解跆拳道运动的精髓，也能使跆拳道运动教学的效率提高。

第一节 "三生教育"的概念及研究综述

一、"三生教育"的概念

"三生教育"的概念是学校德育范畴的概念，其包括生命教育、生活教育、生存教育。生命教育，让每一位教师和学生认识生命、尊重生命、珍爱生命，关心自己和家人；生活教育，提倡珍视生活，了解生活常识，掌握生活技能，养成良好生活习惯，关心他人和集体，树立正确的生活目标；生存教育，强调学习生存知识，保护珍惜生态环境，关心社会和自然，强化生存意志，提高生存的适应能力和创造能力。

（一）生命教育

所谓生命教育，就是尊重生命主体，为其创设生动活泼、充实丰富的环境和条件，促进生命主体全面、和谐、主动、健康发展的教育。生命教育的研究涉及生命教育的价值、生命教育的核心理念、生命教育的家庭教育、学校生命教育的内容和方式以及保障机制，尤其是优化青少年生命教育的环境等。学校生命教育是指通过对中小学生以及教职员工进行生命的孕育、生命发展知识的教学，让他们对自己有一定的认识，对他人的生命抱有珍惜和尊重的态度，并让学生在受教育的过程中，培养对社会及他人，尤其是对残疾人的爱心，使中小学生在人格上获得全面的发展，使教职员工更加珍惜生命，让生命更有意义。

（二）生活教育

生活教育理论是伟大教育家陶行知教育思想的精髓和核心。人类最早的教育就存在于生活之中，是为了生活并通过生活而进行的教育。生活教育理论是陶行知教育思想的核心，其理论体系主要包括三个内涵极其丰富的命题：生活即教育、社会即学校、教学做合一。生活教育理论阐明了生活与教育的关系，是教育向生命的回归。生活教育是帮助学生了解生活常识，掌握生活技能，实践生活过程，获得生活体验，确立正确的生活观，追求个人、家庭、团体、民族、国家和人类幸福生活的教育。

（三）生存教育

生存教育是帮助学生学习生存知识，掌握生存技能，保护生存环境，强化生存意志，把握生存规律，提高生存的适应能力、发展能力和创造能力，树立正确生存观念的教育。

通过生存教育，使学生能够独自学习与认识客观物质世界，认识和参与家庭、社会的分工，学习建立社会关系及处理感情的实践活动，为获得社会生存能力（包括工作技能和生活技能）而自我学习、参加社会实践活动。也就是说能够使学生树立正确的世界观、人生观、价值观以及培养学生的各种生存技能。生存教育与德育是并行不悖的，但必须看到它有其自身的特殊性：对于学生个人来说，它是自我教育和修炼的一部分，有特殊性和个人的能动性；对于学校来讲，生存教育涉及世界观、价值观、人生观和方法论，因此生存教育在学校德育课中可以加以引导。与生存教育相关的学科涉及宗教、哲学、历史、政治、经济学、管理学、世界经济、社会学、生命科学、心理学和德育等学科的多方面的理论知识。

二、研究综述

（一）"三生教育"理论依据

教育除了鲜明的社会性之外，还有鲜明的生命性。人的生命是教育的基石，生命是教育学思考的原点。叶澜教授曾经说过："教育是直面人的生命、通过人的生命、为了人的生命质量的提高而进行的社会活动，是以人为本的社会中最体现生命关怀的一种事业。""三生教育"是一种关注学生生存状态、丰富学生生命历程、激发学生生命潜力、促进学生生命成长、提高学生生活质量的教育。它的理论依据如下。

1. 马克思主义关于人的全面发展理论

马克思在吸取前人卓越思想的基础上创建了"人的全面发展理论"。从马克思的著作中可以清楚地看到，他曾从哲学、政治经济学以及科学社会主义等不同领域对人的发展问题展开广泛研究，并提出了与其学说紧密相连的有关个人全面发展的系统主张。马克思主义关于人的全面发展理论认为，人的发展是与社会生产发展相一致的，旧式的劳动分工造成人的片面发展，大工业机器生产要求人的全面发展，并为人的全面发展提供物质基础，而实现人的全面发展的根本途径是教育同生产劳动相结合。人的全面发展指向人的劳动能力和人的才能的全面发展。每个人都无可争辩地有权全面发展自己的才能，任何人的职责、使命、任务就是全面地发展自己的一切能力。

人的全面发展是马克思主义教育理论的一个基本观点，是开展"三生教育"事业的立足点和出发点，更是当代教育实践的共同价值追求。马克思主义的全面发展理论认为，人的全面发展最根本的就是人的智力和体力的充分、统一发展。同时，也包括人的才能、志趣和道德品质的多方面发展。

2. 生命教育理论

什么是生命？如何定义生命？不同领域的不同学者对生命有着不同的解释。从自然科学的角度来看，地球上所有的物体可分为两种形式：一种是有生命的，另一种是没有生命的。有生命的物体称为生物，而没有生命的物体称为非生物。生物体与非生物体的根本区别就在于有无生命的存在。自然意义上的生物包括人、动物、植物、微生物和其他一切有生命的物体。在"三生教育"中，对生命限定在"人的生命"范畴。这是因为：首先，自从人类产生后，人的生命就表现出独有的特性，它与其他生命有本质的区别，不能用一个囊括一切生命的定义将其特性掩盖；其次，教育领域所谈到的生命，最主要的是人的生命，无论是学生的生命还是教师的生命,以及学生和教师周围的亲人、朋友的生命,都是人的生命,而人的生命之间是没有本质区别的。因此,"三生教育"中对生命的界定主要是"人的生命"。

生命教育,顾名思义就是有关生命的教育。刘济良教授在《生命教育论》中提出:生命教育就是在物质性生命的前提下,在个体生命的基础上,通过有目的、有计划的教育活动,对个体生命从出生到死亡的整个过程,进行完整性、人文性的生命意识的培养,引导学生认识生命的意义,追求生命的价值,活出生命的意蕴,绽放生命的光彩,实现生命的辉煌的活动。他还从生理学角度来认识生命教育,即通过生命的孕育、生命发展知识的教授,让人们对自己有一定的认识,对他人的生命抱有珍惜和尊重的态度,并让人在受教育的过程中,培养对社会和他人、对弱势群体的爱心,使学习者在人格上获得全面的发展。

生命是人生的过程,是人的生存的状态,而死亡是生命的结束。动物为活着而活着,人与动物的最大区别在于人活着是追求有意义、有理想的生活的,所以人的生命是自然、文化心理、社会的统一体,这就决定了人的生命兼具自然属性、文化心理属性和社会属性。人的生命的自然属性是指人在生物学和生理学方面的特点,即人的生理构造和自然本能。人的生命的文化心理属性,指的是人不仅仅满足于生存,而是试图探寻生命的价值与意义,使生命成为有意义的存在。人的社会属性决定了个人必须以社会作为自己存在的基本前提,就是说在人的共存关系中具有相互的依赖性。人的社会属性又表现为社会中人际关系的交往性,这是社会发展和个体发展的必要和普遍条件。从人生的过程来看,人的自然生命与社会生命有着千丝万缕的联系。从一定的角度来说,人的生命并不完全属于自己,还属于给予自己生命的父母、相知的朋友和关心爱护自己的所有人。而且,对于生命过程中体验的内容,也不是完全由个人来决定的,其决定因素还来自社会。总的说来,人的生命的本质是人的生命的自然属性与社会属性的统一,而人的生命的升华则在于精神生命的存在和生命价值的实现。

3. 生存教育理论

世间万事万物都有其存在的理由。人是理性的动物,人们要问"什么是生存""为什么生存""如何生存"等问题,也即每一个人都有自身的生存观。事实证明,生存观作为人对于生存的总观点、总看法,往往左右着人们如何看待具体生存的各方面的问题。生存教育在总结、分析人类对待生存这一基本问题的同时,也向人们充分揭示了生存的基本规律,并提供给人们选择正确生存方式的基本方法和途径,帮助人们在正确与错误、"善"与"恶"的对比中建立起正确的生存观念。因此，生存教育不再是简单的说教和单纯理论的教育，而是具有实效性的对正确生存观的践行。

1972 年，联合国教科文组织提出生存教育理念，认为教育的使命，正是为了准备未来，使教育对象学会生存。所谓"生存教育"就是在科学发展观的指导下，通过开展一系列与生命保护和社会生存有关的教育和社会实践活动，向受教育者系统传授生存的知识和经验，有目的、有计划地培养学生的生存意识、生存能力和生存态度，树立科学的生存价值观，从而促进人的个性自由全面健康发展，实现人与自然和谐统一的过程。"生存教育"能够帮助学生学习生存知识，掌握生存技能，保护生存环境，提高生存适应能力与创新能力，并培养学生形成一定的劳动技能，合法、高效和较好地解决安身立命的问题。"生存教育"是以培养和训练学生生存能力为主要目的的教育。

生存是生命在现实中的体现，它既是生命功能的集中发挥，也是生命过程的客观实现。尽管人类生存的具体方式存在着多种不同的选择，并且随着时间、地点、环境和社会形态及社会状况的变化而出现不同的特点。但是无论如何，人类生存所具有的内在规律却是不以人的意志为转移的。

人的生存必须遵守基本的"劳动决定律"，解决基本的生计问题。劳动不是一般的活动，不是日常生活中简单的吃、穿、住等消费行为，也不是诸如为了提高自身健康水平而进行的锻炼、休闲、娱乐等活动，尽管强壮的体魄和良好的生活条件是保证劳动顺利进行的必要条件，但却不是劳动本身。劳动的核心和本质是以获取生存所需的物质与精神必需品或生活资本为目的的实践活动，具有明显的价值取向和经济色彩，劳动成了人得以生存的最基本前提和首要条件。

人的生存必须认识基本的"劳动异化律"，正确对待现实中各种不合理的现象。劳动剩余产品的产生和阶级的出现是劳动异化的基础。劳动异化的根源在于私有制的产生，消除劳动异化是人全面发展的客观需要。人既是自然的人，又是社会的人，作为一种具有意识和理想的存在物，需要通过劳动来满足自身不断增长的物质需要，但更为根本的是满足自身的精神需要。由于物质需求是保证人类存在的最基本需求，因此，在人类长期的发展过程中，为了满足物质需求这目标，私有制催生的劳动方式在不断促进经济发展的同时，也以极端功利的劳动目的埋葬了人对美好理想的追求，使人成了"物"的奴隶。劳动的异化使人变成了"非人"的存在，人的本性被现实的"实惠"所抛弃。消除劳动异化，是人性的解放和人性复归的根本途径，也是使生存符合人性的必由之路。

人的生存必须研究基本的"人性复归律"，树立正确的奋斗目标和生存价值观。人具有与动物相区别的人性。人的生存就应该是人的本性得到全面发展的生存，是努力消除了劳动异化的生存，并且只有最终消灭了劳动异化，人的本性才能得到最终的复归，也只有这时，生存才是真实的人本质上的生存。实现人性的复归必须充分发展生产力，消灭劳动异化，使劳动从生存的被动需要变为生存的主动需要。同时，人与自然的和谐关系，是人性复归的重要前提，如果这种和谐关系不能实现，则人性的解放和人性的复归就不能实现，而符合人类本性的生存也将无法实现。

人的生存必须实践基本的"精神演化律"，与时俱进，不断超越自我。劳动把人与普通动物中区别开来之后，人便与其他动物有了区别。显然，生产力越进步，社会形态越高级，人类物质生存状态越改善，与之相适应的人类精神生存状态也将在不断打破旧的生存状态的进程中不断壮大。只要人类生存的物质状态是运动、变化、发展的，那么由物质生存状态决定的精神生存状态就一定会呈现不断变化的趋势，这是不以人的意志为转移的客观规律。人的精神依赖于人的物质生存，但是又具有自身的相对独立性，成为促进和反作用于人和人类社会进步的重要力量。

人的生存必须遵守基本的"生存的物质性原则与精神性原则"。生存对于任何人都是最基本的需要，而满足生存又需要多方面的条件。人类早期的生存能力是极其低下的，为了能在险恶的环境中生存下去，人类依靠集体的力量，制造和使用最简单的工具以获得衣、食、住、行等生存所必需的基本生活资料。随着社会的进步和生产力水平的提高，人类不断发展和完善自己，使生存条件得到了极大的改善。但无论如何，物质性原则始终是人类生存的基本原则。生存的物质性原则包括促进体能健全与完善的原则、获取生存物质技能的原则、认识与利用客观规律的原则、自立与创新的原则、人与自然和谐相处的原则等。人类不仅是自然界长期发展的产物，也是社会的产物，在人和人类社会漫长的历史演化过程中，人类面对各种困难和挫折，顽强地生存了下来，形成了与其他动物相区别的、人所特有的生存精神。生存精神体现着人坚定的生存意志、艰苦奋斗的品格、积极向上的风貌、勤劳勇敢的行为、团结自强的风格。生存精神是在历史进程中不断发展的，它与人类的物质生存相一致，共同促进着人和人类社会的发展，具有自身的基本原则。生存的精神性原则包括自信、自爱、自尊、自强，不断完善自我、善待他人等原则。

4. 生活教育理论

人的生命追求是什么？怎样去追求？这是生活教育理论所需要回答的问

题。人活着就有生活，生活健康是生活自然属性的完善，生活道德是生活社会属性的体现，生活幸福是生活目标与价值的统一。不同的生活教育理论从不同的角度给出了人的生命追求的目标和追求生命目标的方式及途径。

美国进步主义教育家杜威认为，教育源于生活，并在生活中发展，以促进生活水平提高为目标。他指出，"教育"不是一般的生活，而是一种特殊的生活，是以"育人"作为核心内涵的生活。教育者以培养社会与生活中的人作为教育的根本目的，而受教育者在"教育"中生活成长。倘若教育不能表现为一种生活，教育离开了生活，那么教育就会失去其本源所在，就会处于一种无根状态。因而我们说接受教育的过程就是一种特殊的生活历程，点点滴滴的教育生活情境都将影响着人的成长与发展。把教育视为生活，把教育与生活紧密地、内在地联结在一起，是教育的实然也是教育的应然。杜威在1897年发表的《我的教育信条》一文中指出："教育是生活的过程，而不是将来生活的预备。"他在《民主主义与教育》中提出："教育是生活的必须""在最广泛的意义上，教育乃是社会生活延续的工具"。教育分为两种：一种是非正式的教育，即与他人共同生活而获得的教育；另一种是正式教育，即专门为青少年特别准备的教育。杜威为弥合社会发展进程中学校与社会相隔离、教育与生活相脱节的弊端，经过无数次对"生活教育"的艰辛探索与实践，明确提出"教育即生活""学校即社会""做中学"的生活教育理论。

我国知名教育家陶行知师从杜威。陶行知基于中国现实，推行普及教育时提出"自有人类以来，便是人人过生活，人人受教育，自然而然的，生活普及在人间，即是教育普及在人间。"生活教育是生活所原有、生活所自营、生活所必需的教育。生活无时不变，即生活无时不含有教育的意义，因此我们可以说，生活即教育。到处是生活，即到处是教育。

传统道德教育领域中的生活教育，过于着重对人类消极生活的批判，忽视了对人类生活的积极品质和功能的塑造和养成。"三生教育"的生活教育理论力促实现从传统的"消极"模式到"积极"模式的转换。一方面，重视从现实生活中发掘、培养个体的多种形式的积极体验，如对待过去的积极体验、对待现在的积极体验、对待将来的积极体验、对待未来的积极体验。另一方面，重视个体主观、个性品质，强调人的能力及潜力在人格形成过程中的作用，培养个体的积极人格特质，并以实现幸福生活为生活教育的核心目标，着重促进个体主观幸福感的提升。

5. 科学教育发展观

科学教育发展观是科学发展观在教育上的体现，是关于教育发展的本质、目的、内涵与要求的总体看法和根本观点，它不仅包括要发展教育的问题，还包括为什么发展和怎样发展教育的问题。有什么样的教育发展观，就会有什么样的发展道路、发展模式和发展战略，就会对教育的发展实践产生根本性、全局性的重大影响。

（1）科学教育发展观主要包括三个基本内涵。

①以人为本。人是教育发展的主体，发展要靠人，教育发展的目的更是为了人。强调以人为本，既植根于中华民族历史文化土壤，又来自现代教育实践。坚持以人为本，是科学教育发展观的核心内容，促进学生全面发展是科学教育发展观的重要目的。

②全面、协调、可持续发展。全面是指各个方面都要发展，协调是指各个方面的发展要相互适应，可持续强调教育发展进程的持久性、连续性和可再生性，三者是科学教育发展观的重要体现。

③全面推进教育创新。所谓创新是指在观念创新上先人一步，在体制创新上优人一等，在机制创新上高人一筹，在实践创新上快人一拍，集中力量突破全局性、战略性的重大问题。

（2）科学教育发展观把教育发展看作全面的、系统的、协调的过程。概括地讲，科学教育发展观有以下特点。

①更加注重教育发展的人文性。

②更加注重教育发展的协调性。

③更加注重教育发展的持续性。

④更加注重教育发展的多样性。

（3）树立以人为本的教育思想。坚持科学教育发展观，必须树立以人为本的教育思想。科学教育发展观的落脚点在"人"，归根到底是为了人的全面发展。以人为本是科学教育发展观的本质，是教育改革和发展的核心思想，也是教育工作的出发点和归宿。以人为本的核心在于对人性的充分肯定，对人的潜能智慧的信任，对人的自由和民主的追求，最广泛地调动人的积极因素，最充分地激发人的创造活力，最大限度地发挥人的主观能动性。

①以人为本，就是要以人为中心，突出人的发展。人是教育的中心，也是教育的目的；人是教育的出发点，也是教育的归宿；人是教育的基础，也是教育的根本。一切教育都必须以人为本，这是现代教育的基本价值。教育教学工

作要以服务学生全面发展为重点，以学生成长成才为中心，整合学校教育、管理资源，建立起帮助学生学会珍爱生命、学会生存、创造生活的教育体系，真正做到关心学生成长，关爱学生生命，关注学生生活。

②以人为本，就是要把教育与人的幸福、自由、尊严、终极价值联系起来，使教育真正成为人的教育，而不是机器的教育，使学生懂得生命的尊严、生存的价值、生活的真谛。

③以人为本，就是要体现在人文关怀和道德情感上。中华民族淳朴善良、忠信豪爽、扶危济困、乐善好施的传统美德与精神深深熔铸在以人为本的教育思想之中，成为更高尚的价值观念。教育是做人的工作，它培养学生热爱生命、热爱生活、热爱自然，追求高尚情操。无论多么先进的教育手段都不能否定面对面的教育工作，无论现代传媒多么发达都不能代替人与人之间的融合和交流，无论各项制度多么完善，也都不能忽视人文关怀的巨大作用。

6.教育人本论思想

教育人本论的基本思想在于强调尊重、关心、理解与信任每一个人，其内涵可概括为以下三点。

（1）发现人的价值。每一个人都有价值，人的价值集中体现在改造自然与推进社会发展以及寻求自身发展与解放之中。教育的责任就在于引导人们充分认识自己的价值，从而尽可能把各自的主动性、积极性和创造性激发出来。结合"三生教育"来看，"三生教育"也正是要帮助个人在充分认识自己的价值的基础上，学会生存、珍视生命和热爱生活。

（2）发挥人的潜能。每一个人都具有独特的潜能，教育必须突出地注重开发人的潜能，使人的具有可能性的潜能向现实性转化。"三生教育"中的实现生命价值、学会科学生存、创造幸福生活等都强调要发挥人的主观能动性。

（3）发展人的个性。个性是人们的世界观、现实态度、心理特征、行为方式等的集合体现，它既具有共同性的一面，也具有差别性的一面。教育应当使每个人在共同心理的背景下显现五彩缤纷的独特色彩，从而使每个人成为活生生的主体。但是，个性的发展不是自发的，它必须成为教育的目的和内容。"多元智能"理论的创始人霍华德·加德纳有一句名言："每个孩子都是一个潜在的天才儿童，只是经常表现为不同的形式。""三生教育"旨在用"关注生命，张扬个性，放飞理想"的理念引导学生发挥特点，关注生命，重视能力的培养和生命价值的提升。

（二）"三生教育"基本思路及目的

1. 基本思路

（1）组织形式：要组建由专任教师、班主任、辅导员、学生家长、社会有关方面人士、学生代表等组成的"三生教育"教学团队，共同研究课堂教学、实践活动、家庭教育、社会教育的分工合作问题，以及各方面力量的统筹协调问题。要积极探索课堂教学与班、团、队活动，以及与专题讲座、小组学习、个人自学等结合的有效形式，着力实现课内学习与课外学习、校内教育与校外教育、学校生活与家庭生活、教师指导与学生自学、认知教育与行为实践的有机统一。在课堂教学方面，提倡有条件的学校由多位教师组成教学小组进行专题教学，以及由主讲教师和辅助教师协同开展教学。

（2）具体教学方法：根据"三生教育"基本方法的要求，以树立正确的现代教育理念为先导，以理论联系实际为根本，以激发和调动学生学习的主动性、积极性为基础，以人文精神和科学精神的融合为核心，以加强实践环节、促进知行统一为关键，不断创新具体教学方法。要彻底改变单一灌输式、简单说服式、被动接受式、整齐划一式的教学方法，提倡启发式、互动式、因材施教式、主动发现式、渗透教育式、分类分层式的教学方法。要大力推行主体性学习、研究性学习、探索性学习和说理教育法、情境陶冶法、榜样示范法、实际锻炼法、疏导教育法、自我教育法等具体方法。

（3）考核评价方法：要根据学段特点和不同类型学校的培养目标及学生的年龄特征，特别是要根据不同层次学生的实际，确定"三生教育"的具体目标，建立多元的"三生教育"评价体系。对"三生教育"的评价：既要关注结果，又要关注方法，更要重视过程；既要强调终结性评价，又要强调诊断性评价，更要重视形成性评价；既要突出评价指标的多样化，又要突出评价方法的多样化，更要重视评价主体的多样化。

2. 目的

（1）通过生命教育，学生能认识自然生命、精神生命和社会生命的存在和发展规律，认识个体的自我生命和他人的生命，认识生命的生老病死过程，认识自然界其他物种生命的存在和发展规律，最终树立正确的生命观，领悟生命的价值和意义；要以个体的生命为着眼点，在与自我、他人、自然建立和谐关系的过程中，促进生命的和谐发展。

（2）通过生存教育，学生能认识生存的意义及提高生存能力，树立人与自然、社会和谐发展的正确生存观；帮助学生建立适合个体的生存追求，学会判断和选择正确的生存方式，学会应对生存危机和摆脱生存困境，善待生存挫折，形成一定的劳动能力，能够合法、高效和较好地解决安身立命的问题。

（3）通过生活教育，学生能认识生活的意义，热爱生活，奋斗生活，幸福生活；让学生理解生活是由物质生活和精神生活、个人生活和社会生活、职业生活和公共生活等组成的复合体；帮助学生提高生活能力，培养学生良好的品德和行为习惯，培养学生的爱心和感恩之心，培养学生的社会责任感，形成立足现实、着眼未来的生活追求；教育学生学会正确的生活比较和生活选择，理解生活的真谛，能够处理好学习与休闲、工作与生活的关系。

（三）"三生教育"基本方法

实施"三生教育"的基本方法包括主体教育、认知教育、行为教育、差异教育、全面教育等。

（1）主体教育是指要整合学校教育、家庭教育和社会教育的力量，鼓励、引导受教育者成为"三生教育"的主体，把教育的过程和受教育者积极主动地进行自我认知和行为实践的过程统一起来，培养和提高学生的自我教育、自我管理、自我服务、自我发展能力，使学生实现自身的教育意义。

（2）认知教育是指要根据受教育者知、情、意、行统一发展的规律，着眼于知行统一，通过学校课堂教育、家庭教育和社会教育等，使学生明白"三生教育"的意义、目的、内容、方法。

（3）行为教育是指要对学生进行"三生教育"，教师和家长首先就要认识生命、尊重生命、珍爱生命、发展生命，就要增强生存意识、保护生存环境、提高生存适应能力和发展能力与创造能力，就要热爱生活、奋斗生活、幸福生活，树立正确的生命观、生存观和生活观，从而用自身的行为给学生做出示范、树立榜样，以此来教育学生、感染学生、影响学生。

（4）差异教育是指在实施"三生教育"过程中，要充分考虑不同区域之间、学校之间、家庭之间、学生群体之间、学生个体之间的差异性，注意分类指导、分层实施和因材施教。

（5）全面教育是指实施"三生教育"要依靠和整合学校、家庭、社会各个方面的力量，面向全体学生。

（四）"三生教育"课堂教学设计基本原则

"三生教育"的教材涵盖小学、初中、高中，内容各有侧重，其呈现方式有所区别，学生年龄结构有所差异，课堂教学设计不可能也不应该定格于某种固定的模式，而应该是设计各异、丰富多彩的。但无论怎样设计各异、丰富多彩，在进行"三生教育"课堂教学设计时，都必须遵循一定的基本原则才能使"三生教育"课堂教学收到预期的效果。"三生教育"基本原则如下。

1. 育人性原则

"三生教育"是通过教育的力量，使受教育者树立正确的生命观、生存观、生活观的主体认知和行为过程。也就是说要通过整合学校教育、家庭教育、社会教育的力量，激发学生的主体认知和行为实践，最终达到帮助学生确立正确的生命观、生存观和生活观的目标：要让学生认识生命、珍爱生命、尊重生命；提高环境适应能力、生存能力、生活能力和创造能力；热爱生活、奋斗生活、幸福生活。这些都准确地概括了"三生教育"的基本内涵，为"三生教育"课堂教学及其设计指明了方向。

我们在进行"三生教育"课堂教学设计时，教学情境的创设、话题的选择、活动的安排都要体现"育人性"这一原则，朝着"育人"（帮助学生确立正确的生命观、生存观和生活观）这一目标推进。只有这样，我们的课堂教学设计才是有价值的，才能真正触动学生的内心世界，引起学生的共鸣，进而内化为情感态度价值观，外化为自觉的积极行动，最终实现知、情、意、行相统一，实现"三生教育"预期的目标。

2. 学生主体性原则

新课程改革要求教师由单纯的知识传授者、教学的管理者向着学生学习的合作者、引导者、参与者转变，"三生教育"作为一门课程自然也不能偏离这一要求。因此，教师在进行"三生教育"课堂教学设计时必须坚持以学生为主体，高度尊重学生，充分调动学生的积极性、主动性和创造性。

课堂教学设计不是如何把知识罗列得详尽再详尽，而是要如何给学生留下思考的余地；不是仅停留在学生对知识的了解和掌握上，更重要的是要引导学生进行思考和探索，留给学生思维自由翱翔的空间；不是直接给予知识的结论，而是要注重设计丰富多彩的学习活动，给学生提供参与的机会，帮助学生体验过程、感悟方法，启迪学生的智慧，让学生自己得出结论、解决问题，进而外化为自觉的积极行动。

3. 活动中学习原则

"三生教育"引入课堂教育，就是要强化学生的个体体验，引导学生去感受生命的可贵、生存的艰辛、生活的快乐，提高学生对生命价值的感知和感悟，理解和掌握生存、生活的本领，热爱生命，懂得生存，快乐生活。因此，"三生教育"的课堂教学设计要遵循"活动中学习"的原则，要通过一个个生动活泼的活动设计，为学生提供一个个思维碰撞、情感交融、人格成长的平台，让学生的知识储备得以释放，情感和能力得以提升，生活的美好得以彰显。最终使学生在"动"中深入感受体验，在"动"中获得真知，在"动"中化为行动。

"活动中学习"必须以情境创设为基础。情境创设就是教师通过人为创设具体场景（这个场景可以是真实的，也可以是模拟的），激发起学生的内心情感，使学生产生丰富真切的体验，并在交流活动中深化和升华理性知识，陶冶性情，实现知、情、意、行相统一。这些情境包括教材上的资料和图片，用多媒体播放的电影、音乐，学生自编、自导、自演的小剧本等。在情境创设上，要结合具体教学内容，通盘考虑，灵活安排；要坚持适度原则，在"精"上下功夫。"活动中学习"要避免出现以下两种错误。

（1）在没有认真领会编者意图，没有认真解读教材的情况下，盲目地设计活动，导致活动过多、过繁，或它们的设置与教学内容毫无关系。

（2）提问的无效性。教学互动源于问题，问题推动了教学互动。如果提问草草了事，那么精美的教学设计就只能是一种摆设，起不到引导学生思维的作用；如果提问太过深奥，那么精美的教学设计同样只能是一种摆设，只会让学生感到晦涩难懂。只有有效的提问才能让学生在活动中步步探究、层层深入，并感觉到峰回路转、豁然开朗，从而获取知识。

4. 对教材的再度开发原则

"三生教育"教材在内容的选择、素材的编排、活动的指导等方面都进行了积极探索和丰富拓展，可以说它已经为教师的教学和学生的学习提供了依据。与此同时，"三生教育"教材的呈现方式也为实现教师与教材的对话、课程资源的再次开发和多次开发留出了很大的空间和余地。作为"三生教育"课程的任课教师，在进行课堂教学设计时，就要有大教材观，要善于结合教学的实际需要，灵活而有创造性地使用教材。

（1）处理教材文本时，不必面面俱到、按部就班，应该精心整合、大胆取舍。

（2）要创设、挖掘那些内容上贴近教学内容、形式上贴近学生认知规律、有助于落实教学目标的课程资源。

5. 因材施教原则

"三生教育"着眼于学生的健康成长，是教育本质的回归。教育学、心理学告诉我们，学生是千差万别、各不相同的。因此，教师在进行"三生教育"课堂教学设计时，应了解所教学生的知识能力、兴趣爱好、课外阅读、生活交际等方面的情况，充分考虑他们现有的智力水平、学习特点、性格特点，从学生的实际出发，找准教学的切入点，想学生之所想，急学生之所急，因势利导，精心设计，让每一个学生都学有所得，都能建立起正确的生命观、生存观和生活观。

（五）"三生教育"实践

1. 实践主体

（1）幼儿。大多数国内学者认为，幼儿教育应坚持"教真育爱"和"使人幸福"的教育价值，着力培养幼儿对生命、生存和生活的正确观念，在实践上应培养其兴趣，进行行为引导。幼儿正处于认知能力提高并且逐步形成自己的性格倾向的时期，因此应将"三生教育"理念贯穿其发展的实践中，鼓励和引导幼儿认识生命，学会生存，理解生活的真正含义。

（2）青少年。青少年是人一生中形成正确人生观、世界观的最重要时期，他们此时正面临着升学、就业、人际关系、情感等多方面的问题。"三生教育"应在实践上引导青少年正确认识生命，掌握生存技能，提高生活质量。学生教育研究人员颜悦认为，"三生教育"要注重从学生的生活经验出发。学生教育研究人员朱启涛认为青少年"三生教育"应以人为中心，关注学生整体素质的发展，尊重学生的自主性和个性差异，努力使每个生命都能得到适宜、充分、全面的发展，使课堂成为学生生命成长的乐园。

（3）高校。高校历来被誉为"三生教育"的重要阵地。高校作为培养大学生的重要机构，是大学生进入社会前的过渡期和准备期，在社会纷繁复杂的当代，大学生应具备对生命的深刻认识，掌握生存技巧，认识到生活的艰辛，但不要放弃自己人生理想前进的脚步。如何通过实施"三生教育"有效落实高校素质教育，如何创新实施"三生教育"组织形式、教学方法及考核评价方法，已成为当前高校素质教育改革研究的重要任务。"三生教育"在高校的实践体现在多个方面。研究人员张斌和张璐认为，应在思想政治理论课中积极探索和实践"三生教育"，高校思想政治理论课教学必须有针对性地开展"三生教育"，这对于坚守社会主义意识形态阵地有着不可替代的作用，同时对促进高校思想政治理论课程教学理念创新、推动高校思想政治教育科学化等都具有十分重要的理论与实践意义，也有助于引导大学生树立正确的世界观、人生观、价值观、道德观，使其真正成为中国特色社会主义事业的建设者和接班人。

2. 实践形式

课堂教学实践是教育者传道授业解惑的主要方式，但又因年龄层次所面对的受众不同，"三生教育"的课堂教学实践被学者们大致分为两类：一类是中小学"三生教育"课堂实践，另一类是高校"三生教育"课堂实践。

在中小学"三生教育"课堂教学实践方面，学者们认为"三生教育"课堂教学的目的是提升学生对生命、生存、生活三者的认识和理解，使中小学学生能正确认识生命的价值，了解生存必须具备的技能，理解生活的真谛，避免形成在学习和生活中因生命、生存、生活带来的挫折而轻言放弃的不良习惯。而要做到这一点就必须要求"三生教育"的课堂教学成为理论和实践有机结合的综合性课堂教学。对此，朱启涛认为，"三生教育"的系统性特点决定了"三生教育"课堂教学不能仅以传授知识为唯一目的，而要把落脚点放在促进学生情感、意志、行为等方面的全面发展上。因而"三生教育"课堂教学实践的最高追求应该是学生的创造力和潜意识具有的生命的使命感被唤醒和被激发。朱启涛还提到，"三生教育"是一门综合性的人文课程，教育目的不是单纯地传授有关生命、生存、生活已有的常识或知识，而是要把学生的主动创造性诱导出来，唤醒学生的生命意识和价值感。

部分国内学者们还认为，现今的部分大学生生命意识淡薄，不能正视生命和认识生命的价值，也不懂最基本的生存技巧，因此"三生教育"进入高校课堂实践也是十分重要而且是必不可少的，课堂教学实践也要与时俱进地创新。国内学者无论是在传统灌输式课堂教学实践，还是在富有创新性的课堂教学实践中都进行了大胆的探索，并取得了丰硕的成果。首先，设置了公共必修课程——"三生教育"作为哲学和人文社会科学课程体系的有机组成部分；其次，加强了"三生教育"与已有相关课程之间的沟通，形成"三生教育"与公共课、专业课程之间关联性的课程；最后，开展了"三生教育"学科教学研究，形成了与"三生教育"直接相关学科和课程设置的系统性。

（六）"三生教育"的意义

人是由生命、生存和生活构成的有机统一体。人首先表现为一种自然的生命状态，这种自然属性决定了人是自然界的一部分。人作为自然界的一部分，一方面按照遗传的特点生育、生长、运动，表现出强烈的自然力和生命力；另一方面，人的生命又受其自身和自然规律的制约，主要体现在遗传因素、生理因素和环境条件因素等方面。

1. 生命上的意义

人和其他动物一样，都要经历生老病死的过程，但是，人与其他动物的不同之处在于，人生命之初，其生存能力不仅不比其他动物高，反而更加孱弱无力。生物人类学也认为，人是一种未特定化的存在，人与动物的最大区别就在于人生命初期的未特定化。动物的特定化就是动物的本能，它使动物一出生就具有相当严密精确的本能活动图式，具有超过人的生存能力，可以轻而易举地实现与自然界的物质、能量、信息的交换，满足其生存需要。人虽然具有本能，但人的本能是未特定化的，这就决定了人生命初期的基本特征：生理构造上的未特定化、反应机制上的未确定性、生存功能上的不完备性和生命发展的多种可能性。也就是说，人的生命状态在生命之初是不完善的，是有先天缺陷的。人的这种生命特征，体现了人类生命存在的特殊性，决定了人类的生命延续方式与其他动物相比存在着巨大差别，也决定了人的生命成长过程就是生命的不断完善过程。从环境和条件因素看，人的生命还受其生存的环境和条件的制约。人与自然界的能量交换并不是无限制的，它只能在一定的条件和基础上进行。不同的自然、社会环境和条件，对人的生命存在与发展具有巨大的影响。

尽管人的自然生命具有先天缺陷并受自然环境和社会环境的制约，但人是生物体中独特的生命形态，是有意识的高级生命形态。有意识的生命活动把人与动物的生命活动区别开来。正是由于这一点，人才是类存在物。人类意识的存在和人类生命的未特定化，特别是人脑的特殊组织结构，不仅使人具有了语言和思维能力，而且使人成为一种天生好奇的存在，决定了人是一个可塑的、主动的、开放的生命系统，使人与自然的能量交换具有极大的主动性和能动性。人的生命的这种特征，说明了人的生命在本质上不仅是一种自然的生命存在物，还是一种主体的、能动的存在物。人的生命本质与动物相比，在于他不是被动地感受外部世界，而是积极主动地去感知、实践、创造外部世界，能动地与外部世界进行信息和能量交换。这为人类生命的延续提供了强大的动力和保障。

2. 生存上的意义

人的自然生命是人生存、生活的物质基础，但这并不是人类生命的全部。在自然生命这一物质基础上，生命的延续表现为生存和生活两个方面。生存就是维持生命存在的活动方式，是人的第一本质。人的生存，不仅仅是遗传使命和自然生命的延续。在人的生存过程中，特别是在为维持生存而进行的社会生产实践中，人的生存构成一种复杂的社会关系。原始人类在为保持生命存在而进行的与自然的斗争中，通常是以群体形式存在的，单个的生命不可能在残酷的自然环境中生存下去。这种为生存而结成的群体，以及因群体的存在而逐渐形成的各种关系，构成了人的群体生存、生活关系，也就是最初的社会关系。社会关系的形成，使人置身于一种比自然更复杂的关系之中，使人的生命一开始就成为一种被社会关系包裹着的生命。因此，一方面，人的生存是自然的、生理的生命存在，人必须学习维持生存的技能；另一方面，人的生存又是社会的存在，人必须接受社会的、精神性的生活，必须学习各种社会历史文化经验，实现人的生命的价值与意义。人的生存，是一种复杂的自然、社会交互作用的生存。

在人的生存过程中，为了更好地实现生命的延续，人必须同时实现自然生命存在和社会生命存在的有机统一。自然与社会的关系网络，构成了人的生命的家园，特别是现代社会，人的生命一开始，就已经不再是自然的生命，已经深深烙上了社会的烙印。正如马克思所说："人的本质并不是单个人所固有的抽象物，实际上，它是一切社会关系的总和。"人的这种社会存在方式，决定了人的本质，决定了人只有从自然存在转化为社会存在，人才能成为真正的人。

3. 生活上的意义

人的生命的社会属性，改变了人类的自然存在方式，使人类的存在更主要地表现为一种社会的存在。人的社会属性，把人置于复杂的社会关系之中，形成了人的另一种生存方式，这就是人的生活。

人的生活，是建立在人的生命和生存基础上的，是人的生命和生存的目的和意义。人的生活涵盖了人的诞生、生长、成熟、生命延续、衰老、死亡等过程。人的生活过程就是生命的活动过程，就是生存过程和人生价值的实现过程。同时，人的生活过程，还是一个不断更新的过程。美国教育家杜威曾说："努力使自己继续不断地生存，这就是生活的本性，因为生活的延续只能通过经久的更新才能达到，所以生活便是一个自我更新的过程。"

第二节 "三生教育"的发展现状与特征

一、发展现状

（一）生命教育现状

1. 生命教育实践

20 世纪 90 年代中后期，"生命教育"一词才刚刚在我国出现，起初人们主要是将环境教育、安全教育等看作一种生命教育，而对生命教育本身的研究还尚未展开。随着人们对生命教育关注程度的提升，生命教育不仅在理论研究方面取得了丰硕的成果，同时在实践方面也取得了可喜的成绩，相关组织机构的社会活动和教育活动纷纷展开。

2004年，由普通中学生发起的"关爱生命万里行"活动小组成立，到现在已成为有一定影响力的社会公益群体，他们在具体的活动中实践着自己对生命的庄严承诺，有效地推动了生命教育各个阶段的有机衔接、循序递进和全面系统的生命教育体系的形成。

2004年11月，辽宁省中小学"生命教育工程"在沈阳启动，以此作为未成年人思想道德建设工作的有效载体，使中小学生身心能够得到充分、自由、和谐地发展，成为充满生命活力，具有健全人格、鲜明个性和创造智慧的一代新人。这标志着生命教育之船在国内开始扬帆起航。

2005年上海市制定并出台了《上海市中小学生生命教育指导纲要》，提出要在全市各中小学校中开展生命教育，帮助他们认识生命、珍惜生命、热爱生命，提高生存技能，提升生命质量。

在基础教育阶段如火如荼地开展生命教育的同时，针对大学生的生命教育也引起了人们的广泛关注，许多高校也开始付诸行动。

2002年，武汉大学开始对学生进行生命教育，组织了题为"生命智慧——如何善待和开发仅一次属于你的生命"的大型讲座，通过对如何把握生命价值、当生命的主人等方面的生动阐述，引导学生珍惜生命，创造更辉煌的人生。

2004年，清华大学开展了生命教育的拓展训练活动。

2005年，复旦大学开设了"生命教育研究"的选修课，旨在引发学生对人生的思考，帮助学生探索和认识生命的意义，尊重和珍惜每一个生命及其价值，建立和谐的关系。哈尔滨医科大学在改革已有课程的基础上，实施以"生命教育"为主的心理健康教育，使学生形成对生命的价值和意义、自助以及他助的正确认识。天津医科大学和武汉大学通过讲座、专家辅导、实践体验等不同形式，构建了多样的教育平台，使师生对生命教育形成正确而又深刻的认识。

2010年，在肖川教授的倡导下全国首家以生命教育为主题的生命教育研究中心——北京师范大学生命教育研究中心成立，推动了全国范围内生命教育的系统研究与实践探索。

2. 生命教育现存的问题

（1）教育师资配置薄弱。专业化的师资队伍是有效开展生命教育的重要前提。目前，我国还十分缺乏专业的生命教育师资力量。生命教育的课程涉及人生哲学、生命伦理、生命科学等许多专业内容，因此也就对教育工作者提出了更高的要求，使专业化的生命教育师资配置愈显薄弱。一方面，我国学校从事心理健康教育的专业人员数量严重不足，甚至远低于联合国教科文组织的规定，而作为重要补充的兼职教师也同样存在数量上的不足，这就导致面对面个别教育指导的困难，而只能以上大课、开讲座等形式来弥补。另一方面，现有的从事生命教育的人员多为班主任、辅导员、思想教育工作者，他们虽有较多的机会与学生接触，但自身工作的某些特点也影响着生命教育的师资配置。

（2）教育方式和内容单一。多样、完善的教育方式和内容往往更容易收到良好的教育效果。但是我们不难发现，从生命教育理念开始进入我国再到具体实践活动的不断开展，与国外强调设立专门的课程教学但不限定教学内容和具体的教学方式、鼓励多样化的方式教学相比较，现阶段的我国生命教育在教育方式和内容上仍存在差距。

（3）家庭与社会的认同度低。现阶段，我国的生命教育基本上是学校孤军奋战，得不到社会系统的支持，归根结底是家庭和社会对生命教育的认同度还不够高。

3. 生命教育存在问题的原因

（1）传统文化观念的影响。我国拥有悠久灿烂的历史文化，传统文化观念对一代代中国人的影响从未消减，虽然我们一直倡导在传承中要"取其精华，去其糟粕"，但是某些不符合社会发展潮流的思想仍根深蒂固。

（2）社会及家庭环境的影响。改革开放使我国进入经济全球化的浪潮中，经济、科技及文化与全球的接轨带来的丰硕发展成果，为我们的生活、工作和学习带来宽广的平台，为人们开阔眼界和增长智慧提供了极大的便利。与此同时，一些不良因素也在一定程度上影响着人们对待学习、工作和生活的态度，消极情绪充斥着社会的诸多角落，严重地影响着社会风气并产生一系列的社会问题。

（3）教育理念的错位。社会对生命教育认识的淡薄几乎成了生命教育普及的最大障碍。生命教育的社会认知度之所以低，很重要的一个原因就是应试教育模式和"唯分数论"仍在社会中根深蒂固，中考和高考仍旧是压在学生、家长和教师身上的大山，"德、智、体、美、劳"全面发展仍旧是"智"的独角戏，学校、家庭、社会依然重文化课、重分数，轻人生观、世界观和价值观的教育。理念的错位使教育不再以促使生命个性的张扬和智慧的启迪为目的，而是简单地追求理论知识的灌输。

（4）受教育者自身的问题。现今在校学生虽然出生于不同的年代，但所处的生活环境大体是相同或是相近的。现代化的生活环境为其提供了接触社会的多种渠道，他们吃着肯德基、麦当劳长大，从小就接触着电脑、iPad、iPhone等现代化的电子工具。当祖辈父辈感叹新一代生活的优越时，也难免会发现青少年自身存在的身体和心理问题，而这些都是人们无法忽视的。随着人们物质生活水平的提高，青少年的营养需求上基本都得到了满足，但由于各种不良的习惯，如对体育锻炼的忽视、抽烟喝酒的低龄化等，使他们的身体素质呈现下降的趋势，如学生肥胖率增加、眼睛近视比例居高不下、超重及肥胖检出率继续上升、爆发力、力量等身体素质继续下降等。同时，生活中的"核心地位"让他们在进入新环境与人接触交往时往往会产生各种的心理问题和情绪上的波动，如嫉妒、悲观，甚至往往会采取极端、冲动的行为；互联网的广泛应用，也使"网瘾""网络综合征"成为网络化水平提高所带来的不容忽视的重要问题。

（二）生活教育现状

1. 生活教育实践

（1）在课堂中渗透生活教育，主要从教材、教法以及课堂气氛的角度来进行尝试。教师可选取一些为学生所了解熟知的，看得见、听得到、摸得着的教育资料进行教学，以提高课堂教学的"真实性"，能起到深化生活教育的作用。在实施课堂生活教育的过程中，我们应从"生活自理、学习自主、身心自强、言行自律"方面做出价值定向。

（2）让学生从落实一日行为规范做起，以学生吃、住、衣、行为载体，以日常行为规范为突破口，以行为促习惯，以评价促养成，切实提高学生良好的道德品质和文明行为。

（3）生活教育的一切都是由细节构成的。通过细节可以看见生活教育的艰辛和收获，可以看到校园的文明，还能在生活细节中体现教师对学生的亲情、对学生的"爱"。

（4）根据实际，为每个学生设计个性化的教育方案，实施个性化管理，这是家长的期望，也是学校发展的必然要求。学校可以组织活动，打破以往的零、碎、散、杂方式，由零打碎敲的活动模式转变为主题系列活动模式，全面培养学生的活动能力。

（5）要注重家校合作，可以成立家长委员会，定期召开家长会，开展家长开放日活动，对家长教育孩子的方法、营造良好的家庭氛围进行探讨与指导，促使家长积极配合学校。

（6）注重社区共建。学校和校外团体组织成立共建单位，通过社会服务、社会实践、社会调查，提高学生的生活素质和生活能力。

2. 生活教育存在的问题

（1）生活教育目标的泛政治化。过大、过高的目标，远离了学生的现实生活和社会生活，使得学校生活教育难以满足"成人"的道德生活需要。

（2）生活教育内容的教条化。充满着教条式的生活教育内容和口号，把学生游离于社会生活和家庭生活之外，使生活教育内容丧失其生活意义。

（3）生活教育过程的理性化。传统的生活教育过程忽视道德养成中人与人的理解和交往，过程被理性化了。这样培养出来的学生只能是言语上的"巨人"，行动上的"矮人"。

（4）生活教育方法的简单化。生活教育方法的简单化造成了学生有道德知识但缺乏道德感，有道德观念但缺乏道德生活的事实。

（5）生活教育途径的单一化。传统的生活教育局限于学校教育空间和时间，忽视了社会综合实践活动，表现为"书本生活教育"的特征，对学生生活的陶冶相当匮乏。

（三）生存教育现状

1. 生存教育实践

（1）大力培养学生的自主能力，要求学生自己的事情自己做、自己的头脑自己做主，引导学生积极参加劳动、参与社会活动，让学生多看、多想、多做，从而增长见识，促使学生及早自主自立。

（2）注意培养学生自救能力，利用班队课，让学生了解"生存的意识、条件、手段、方法，以及为什么会死亡"等方面的系统科学知识，教给学生"如何救触电者""怎样救溺水者""如何防止雷击"等的具体方法。

（3）培养自我防范能力，教给学生"如何辨别好人与坏人""怎样进行适度的娱乐和玩耍""如何快速应变突发事件""怎样进行自我控制"等方面的具体知识和方法。

（4）时时注意向学生宣传自主自救的典型事例。例如，给学生讲中国古代司马光举石砸缸救人的故事，让他们体会遇到危险时不慌张，开动脑筋进行自救的具体事例。让学生记住常用的电话，如"110""119""120"等。

（5）通过生存教育提高学生对遭受地震、海啸、泥石流、龙卷风、雪崩等自然灾难和火灾、交通事故、突发公共卫生事件和恐怖事件等社会灾难的应急能力,使学生掌握防灾救灾的常识和技巧,如人工呼吸、心肺复苏、伤口包扎,灭火器的使用等,逐步提高学生的自救互救技能,提高学生生存能力。

（6）壮大校外辅导员队伍,整合教师资源,开展生存教育,如聘请武警中队、交警中队、消防中队的专业人员给学生当校外辅导员,每年通过讲座、参观、演练的形式让学生了解自我保护的方法、火灾自救的措施、应对灾难的基本技能。

（7）生存教育需要与家庭安全教育相结合,与社会各方面进行全面协调与配合,把封闭型教育转变为开放型教育;把单一地传授安全知识转变为在认知基础上加强行为训练教育;把学校过去单一的教育转变为学校家庭社会合作型教育。

2. 存在的问题

（1）对生存教育的概念理解不全面。生存教育除了要保证维持生存的基本底线,还应该满足生存的内在意义。可以说,现今生存教育的主题已经不再止步于温饱和基本安全等生存问题,而是要迎难而上去解决关于人与自身、人与他人、人与环境、人与社会的关系问题。

（2）实施生存教育既要避免其内容的泛化,更要警惕生存教育中滋生的技术主义倾向。

（3）现有生存教育多以主题班会和主题活动的形式进行。这样的形式会使生存教育流于表面,不能真正触及学生的内心,唤醒其真实的情感。

二、特点

（一）生命教育的特点

（1）生命教育作为一种教育理念,具有导向性、超前性和实践性相结合的特点。

（2）生命教育作为一种教育模式,具有系统性、整合性和渗透性的特点。

（3）生命教育的内容非常丰富,从教学的角度来看,应该注意将知识性、技能性和精神性相结合并处理好三者的关系。

（4）生命教育的方法,应主要采用主导性、主体性和互动性相结合的方式。

（5）在教育对象及其成长现实上,具有反复性、传染性与长期性相结合的特点。

（6）在教育者及其工作现实上,具有重复性、变动性与联动性相结合的特点。

（二）生活教育的特点

（1）统一性。生活教育实现了生活的道德价值和德育的生活价值的有机统一。生活是德育的出发点和归宿，而道德归根结底是由生活而定的。

（2）实践性。生活教育的真实、具体的实践互动，其素材来自真实具体的生活，学生从生活中学习的道德是生活的结晶。生活教育实践性强，学生可以直接将其转化为行动，做到知行统一。

（3）主体性。生活教育是贴近学生、以学生的生活为依托的，它强调学生的自我修养、自我塑造、自我完善，调动学生积极性、创造性，充分发挥学生的主体作用。

（4）发展性。生活是发展变化的，因而生活教育的内容、手段的评价方式也不是一成不变的，而是与时俱进、不断发展的，具有发展性。

（5）融合性。生活教育是以生活的世界为依托的，因此无处不生活、无处不教育。生活教育是真正意义上的全员德育、全过程德育、全方位德育。

（三）生存教育的特点

（1）生存教育是一项整体性强、关联度高的系统工程。
（2）生存教育的实施必须牢固树立以人为本的思想。
（3）生存教育的实施必须坚持求真务实的科学精神。
（4）生存教育的实施是一项实践性、系统性、创新性、探索性很强的工作。

第三节 "三生教育"融入跆拳道运动教学的理论构建

一、"三生教育"教学理论

（一）陶行知的"教学做合一"的教学理念

关于"教学做合一"，陶行之称其为生活法亦即教育法。他反对教师"教死书，死教书，教书死"，学生"读死书，死读书，读书死"，主张"教学做合一"。他认为，"教学做合一"是生活现象的说明，即教育现象的说明。在生活里，对事说是做，对己之长进说是学，对人之影响说是教，教学做只是生活的三个方面，不是三个各不相谋的过程。教的方法要根据学的方法，学的方法要根据做的方法，事怎样做就怎样学，怎样学就怎样做，教与学都以做为中心。

（二）布鲁纳的认知结构教学理念

美国当代著名的教育心理学家布鲁纳在认知结构学习理论的基础上，提出了认知结构教学理念。他认为学习的基础是学习者内部心理结构的形成或改组，而不是刺激－反应联结的形成或行为习惯的加强或改变，教学就是要促进学习者内部心理结构的形成或改组。其中包括五个基本观点。

（1）教学的主要目的是充分发挥学习者的能力。

（2）教学过程中始终坚持动机原则、结构原则、序列原则以及强化原则。

（3）把学科的知识结构作为教学内容。

（4）教学中重视复述策略、同化策略、组织策略、元认知策略以及情感动力策略。

（5）教学方法主张采用发现法。

（三）奥苏贝尔的接受同化教学理念

美国当代著名的认知派教育心理学家奥苏贝尔，根据其认知同化学习理论提出整套的教学理念，即接受同化教学，它区别于传统填鸭式满堂灌输的教学，在教学过程中遵循逐渐分化和整合协调的教学原则，并据此提出教学内容安排与先行组织者的教学策略。教师在讲授新知识之前，先给学生提供一些包括性较广、概括水平较高的学习材料，用学习者宜于接受的语言和方式来表述，以便学习者在学习新知识时能有个较好的固定点，并将它与原有知识结构联系起来。

这种预先提供的，起组织作用的学习材料即"先行组织者"。

（四）建构主义教学理念

建构主义教学理念是在建构主义学习理论基础上提出的，包括以下几方面的内容。

（1）注重以学生为中心进行教学。建构主义认为，学生是信息加工的主体，是意义的主动建构者，而不是外部刺激的被动接受者和被灌输的对象。教师不应被看成"知识的授予者"，而应成为学生学习活动的促进者。教师是学生意义建构的帮助者、促进者，而不是知识的传授者与灌输者。

（2）注重在实际情境中进行教学。建构主义强调开发围绕现实问题的学习活动，创建与教学有关的真实世界情境，注重让学生解决现实问题。

（3）注重合作学习。建构主义认为，学习者以自己的方式建构对于事物的理解，从而不同人看到的是事物的不同方面，不存在唯一的、标准的理解。

在教学中可以通过学习者的合作而使理解更加丰富和全面。建构主义指导下的教学组织形式有小组教学、合作学习等，主要在集体授课形式下的教室中进行，提倡在教室中创建"学习社区"。

（4）注重提供充分的资源。建构主义强调要设计好教学环境，为学生提供各种信息条件。

（五）情感教学理念

美国人本主义心理学家罗杰斯提出情感教学理念，认为学习即成为，教学即促进，促进学生成为一个完善的人。其中主要包括以下几点内容。

（1）意义学习，即强调以全人参与、自我发起、自我评价，并使个体行为、态度、个性以及在未来选择行动方式发生重大变化的学习。

（2）非指导性教学，即强调以学生为中心，以情感为基调，教师是促进者，学生自我发起的学习与教学模式。

二、构建"三生教育"理论的意义

（一）社会发展的需要

"三生教育"的提出和开展，其目的是正视并干预当前在校学生自杀、心理障碍、暴力刑事犯罪等校园安全事件。现代化进程的加快，使人们必须面对前所未有的升学、就业、工作压力，很多人在精神上迷失了方向，行动上失去了制衡，心理上长期负重，形成了亚健康状况，进而影响到生命的质量、生存的力度和生活的乐趣。这促使我们以开展"三生教育"理论研究为工具，有效地推动"三生教育"的发展，以解决社会发展所遭遇的现实问题。

（二）教育改革的需要

传统教育模式的"积弊"之一，就是在不断强化知识教育（灌输）的同时，忽略了对人的底层素质结构的培育和关怀，甚至为了前者不惜损害后者，导致传统教育模式下培养的学生总体而言身心素质不够强健，生存和生活能力有所欠缺，实践和创新能力有所不足。

"三生教育"从关注人类发展面临的普遍问题出发，将生命、生存、生活作为一个有机的整体进行研究并组织实施教育实践，符合了"以人为本"的教育理念，体现了教育的终极关怀；创新了素质教育的内容，为提高学生的综合素质奠定了基础；有效地整合了学校、家庭和社会教育资源，凝聚了各方面的力量。

（三）素质教育的需要

人的素质包括人的身体、心理、道德、文化、科学和职业素质等，此外，生存和生活能力也应属于素质的范畴。这些素质内容依次呈递进关系，形成一个类似于金字塔的结构。其中，身心、道德及生存、生活能力应是素质结构中的底层部分，是成就一个人事业成功和生活幸福的基础和必要条件。

"三生教育"让学生在实践中产生心灵的触动，引起思想的共鸣，进而把珍爱生命、快乐成长、幸福生活内化为自身的需要，把掌握生存的技能、提高生活的品质内化为自身的需求，把全面提升个人的思想、品质、能力、特长等素质内化为自身的追求，从而主动学习、积极提高、科学发展，最大限度地发挥生命的主动性，丰富生命的内涵。"三生教育"贴近生活实际，贴近学生心灵，贴近学生需要，内化于心，外化于行，这种教育方式是最真实的，也是最有效的。

实施素质教育，就是全面贯彻党的教育方针，以提高国民素质为根本宗旨，以培养学生的创新精神和实践能力为重点，造就"有理想、有文化、有纪律"，德、智、体、美、劳全面发展的社会主义建设者和接班人。素质教育的核心是解决好"培养什么人？怎样培养人？"的根本问题，具有基础性、主动性、发展性、实践性、创新性、参与性等基本特征。"三生教育"关注学生的健康成长，辅助学生成人成才，既注重开启学生的心智，提高学生的身体和心理素质，培养学生的健全人格、创新能力和实践能力；也注重培育学生的爱心和感恩之心，增强他们作为国家公民的公共意识、社会责任感和社会正义感，最终把个人目标与社会目标有机融合。"三生教育"的途径、手段突破了课程化的传统，强调以主题活动和学生实践为主线，改变教师居高临下的知识传授者形象，而以组织者、引导者的身份，带领学生自主探索真理、共同化解人生难题。

（四）实现现代教育价值的需要

"三生教育"推动着现代教育事业的科学发展。现代教育，从本质上讲，应是排斥工具性和功利性的教育。生命即教育，生存即教育，生活即教育。"三生教育"应用教育的手段，把人真正引向生命领域，引向生存世界，引向生活未来，是真理教育、能力教育、自由教育、尊严教育。从这个意义上讲，实施"三生教育"的目标是围绕建设社会主义核心价值体系，建设现代教育价值，塑造高尚教育精神，促进现代教育事业科学发展。

（五）建设社会主义核心价值体系的需要

建设社会主义核心价值体系，是确保我们这样的社会主义国家长治久安的关键。社会主义核心价值体系的建设，分解落实到教育实践中，最为核心和关键的是，通过扎扎实实的生命、生存、生活教育，引导青少年形成正确的人生观、价值观、世界观，从而成为理想远大、信念坚定的新一代，品德高尚、意志顽强的新一代，视野开阔、知识丰富的新一代，开拓进取、艰苦奋斗的新一代。

"三生教育"是以人为主体的"教真育爱"的社会活动过程，是人对人的主体间的知识传授、生命本质领悟、意志行为规范和社会文明传承的活动过程。教育的最终价值是使人成为"人"，使人有全面教养，使人能全面发展，使人类走向幸福。教真理、学真知、做真人、行真事，爱自己、爱他人、爱团体、爱民族、爱国家、爱党、爱社会、爱自然，是教育的根本价值。"爱"的智慧在教育中培养，"真"的能量在教育中释放。将"三生教育"融入每个学生的成长过程中，实践了教育的本质，体现了教育的价值。

三、"三生教育"教学方法

（一）"学、思、行结合"教学法

"学而知之""学而不思则罔，思而不学则殆""学以致用"是孔子进行教学的主导思想，并形成"学、思、行结合"的教学方法。"三生教育"，要求教师将"学、思、行结合"的教学方法贯穿于教学过程的始终，学生学习的过程是求索生命、生存、生活相关知识、技能以及提高能力的途径。

（二）发现教学法

发现教学法是指学生运用教师提供的按发现过程编制的材料进行再发现，以掌握生命、生存、生活的知识、技能，并发展创造性思维和调整适应能力的教学方法。

（三）支架式教学法

支架式教学应当为学习者建构对知识的理解提供一种概念框架。这种框架中的概念是为发展学习者对问题的进一步理解所需要的，为此，事先要把复杂的学习任务加以分解，以便于把学习者的理解逐步引向深入。这种教学思想来源于维果茨基的"最近发展区"理论，他认为教师的教学不应消极地适应学生能力发展的已有水平，而应当走在发展的前面，不停顿地把学生的生命、生存和生活能力从一个水平引导到另一个新的更高水平。

（四）抛锚式教学法

抛锚式教学法又被称为情境教学法。要实现学生对"三生教育"所反映的生命、生存、生活存在形式、性质、基本发展规律以及三者间交互联系的深刻理解，最好的教学方法是让学生到现实世界的真实环境中去感受、去体验，而非仅仅聆听别人的介绍和讲解。这就要求教师把教学建立在有感染力的真实事件或问题的基础之上，这类真实事件或问题被生动形象地比喻为"抛锚"，因为一旦这类事件或问题被确定，教学内容将被活化，教学过程将得以确定。

（五）合作教学法

合作教学法是当今主流教学理论与教学方法之一，在世界许多国家被广泛运用，是"近几十年来最重要和最成功的教学方法改革创举"。采用合作教学法，即在教师的组织下，师生以共同的教学目标为追求，强调异质分组，以学习小组为基本单位，以"三生教育"专题教学内容为切入点，促进学生的分工协作、实践创新，完成专题教学活动，从而发展学生对生命、生存、生活的系统认知能力、思维能力以及社会交往能力。运用合作教学法的关键：一是有效性促进，二是针对性总结。合作教学既是一种教学思想，也是一种具体的课堂教学技术。它不仅强调学生在认知方面的发展，更强调学生学习过程中情、意、行的协调发展。

"三生教育"所采用的具体教学方法还有疏导教育、心理教育、预防教育、自我教育、激励教育、情感教育、参与教育、实践教育、案例教育等，这些教学方法有很多地方都是交叉的，但这并不影响每种方法的独立运用。由于"三生教育"庞大的知识体系，单独运用某一种或几种方法是不合适的。在"三生教育"中，可以将多种方法联合起来使用。当然，"三生教育"还有很多其他的教学方法。教师与学生也可以积极创新教学方法，以使更多的学生受益，让"三生教育"能够取得更大的成效。

第四节 "三生教育"与跆拳道运动教学融合发展路径

一、"三生教育"与跆拳道教学的关系

（一）教育本质相同

"三生教育"和跆拳道运动教学具有相通的教育本质，都是对受教育者进

行有目的的教育。"三生教育"从以人为本的教育理念出发，提出崭新的教育理念，强调在实际社会生活中，珍爱生命、提高生存能力、追求幸福生活的理念。跆拳道运动教学强调通过健康的身体活动方式，提高身体素质和心理素质，实现学生全面发展的教育理念。"三生教育"和跆拳道运动教学最终的目的都是以生命存在为核心，实施有益于学生生命发展的教育过程。

（二）教育目标相同

生命教育作为"三生教育"的核心，它与跆拳道运动教学有着共同的教育目标。跆拳道运动教学强调如何提高生命的价值，生命教育则强调了生命的重要性，这些都是相同的，其本质都是使受教育者体会到生命的可贵，提倡尊重生命、珍爱生命、拥有健康的生命。

生存教育的教育方向和教育目的主要是提升受教育者的生存能力、生存知识、生产意志和生存价值。对于跆拳道教学来说，生存是跆拳道运动教学的根本和基础，是从事跆拳道运动教学的根本目的。通过跆拳道运动教学使学生的身心健康发展，这是一切生存的基础。生存教育是对体育教育的延伸，在跆拳道运动教学中融入生存教育的理念有利于提高跆拳道运动教学的效果，使学生学会生存技能。生存教育与跆拳道运动教学的内容是相互关联的，甚至许多教学内容是一致的。

生活是生命的基本表现形式，也是生存最直接的载体。人类的活动和生命的体现都是在生活中实现的。跆拳道运动教学是人们在生活中提炼出来的提升生活品质的教育方式和活动方式，因此，跆拳道运动教学实际上是生活教育的一部分。

二、"三生教育"与跆拳道运动教学的结合

（一）生命教育与跆拳道运动教学的结合

生命教育本身是帮助学生认识生命、尊重生命、珍爱生命，促进学生主动、积极、健康地发展生命，提升生命质量，实现生命的意义和价值的教育。跆拳道运动跟所有的运动项目一样，都是以强身健体为主要任务的。因此在跆拳道运动教学中结合生命教育，可使学生认识人类自然生命、精神生命和社会生命的存在和发展规律，认识个体的自我生命和他人的生命，认识生命的生老病死过程，认识自然界其他物种的生命存在和发展规律，最终树立正确的生命观，领悟生命的价值和意义。

（二）生活教育与跆拳道运动教学的结合

生活教育是帮助学生从日常生活中了解生活常识，掌握生活技能，实践生活过程，获得生活体验，确立正确的生活观，追求个人、家庭、团体、民族、国家和人类的幸福生活的教育。以课堂生活教育为起点，使学生认识生活的意义，热爱生活，奋斗生活，幸福生活；帮助学生提高生活能力，培养学生的良好品德和行为习惯，培养学生的爱心和感恩之心，培养学生的社会责任感，形成立足现实、着眼未来的生活追求，以此，注入跆拳道的尚武精神；让学生理解生活是由物质生活和精神生活、个人生活和社会生活、职业生活和家庭生活等组成的复合体，跆拳道精神也是这种复合体里的一部分；跆拳道教师要教育学生学会正确比较和选择生活，理解生活的真谛，处理好学武与学文、学习与休闲、个人和集体的关系。

（三）生存教育与跆拳道运动教学的结合

生存教育是帮助学生学习生存知识，掌握生存技能，保护生存环境，强化生存意志，把握生存规律，提高生存适应能力和创造能力，树立正确生存观念的教育，这一点与跆拳道运动教学中的强健体魄、培育和谐精神的目的是想通的。跆拳道运动教学本身需要和谐精神，这一点运用在生存教育理念中，可使学生提高生存能力；树立人与自然、社会和谐发展的生存观；帮助学生建立适合个体的生存追求；学会判断和选择正确的生存方式；学会应对生存危机和摆脱生存困境的方法。

三、融合发展途径

无论是"三生教育"还是跆拳道运动教学，其本质都是追求生命的本质和原始意义，追求自由、独立、个性，并完成超越自我的目标，这是人类最根本的本质，也是人类社会不断发展、不断追求的终极目标。跆拳道运动教学引导受教育者提高生命质量，提倡健康的身体和心灵，帮助受教育者发展生命、发展健康，实现受教育者的全面发展。"三生教育"和跆拳道运动教学是密切相关、密切联系的。因此，我们可以认为"三生教育"是跆拳道运动教学的本质。"三生教育"作为全新的教育理念引导着跆拳道运动教学向着更加积极、健康的方向发展，因此要提升跆拳道教育的教学效果，加强"三生教育"与跆拳道运动教学的融合势在必行。

（一）改变传统跆拳道运动教学的观念和认识

正确的跆拳道运动教学观念是人类大脑对跆拳道运动的正确反映。人类的行为受观念支配，因此观念是先决条件。如果学生认为跆拳道运动教学和"三生教育"的观念是错误的、无效的，则跆拳道运动教学和"三生教育"就无法正常进行。在跆拳道运动教学中，教师和学生首先应当在脑海中形成珍爱生命、生命宝贵的观念，并将对生命观念的认识作为跆拳道运动教学的核心。通过跆拳道运动教学使学生回归生命本质和生命本源，养成终身锻炼的习惯。

1. 注重精神的改变

通过对"三生教育"理念的研究，我们不难发现，"三生教育"与跆拳道运动教学有很深的联系，更准确地说，"三生教育"和跆拳道运动教学所蕴含的精神实际上是一致的。跆拳道运动教学可以帮助学生吸收"三生教育"中的优秀品质，如对生命的珍爱、艰苦奋斗等高尚品德，而"三生教育"可以帮助学生更好地学习跆拳道，学会避免伤害。但是将"三生教育"融入跆拳道运动教学中，绝不是简单的教学理念和教学方法的变化，应该是对其共性进行发扬，对冲突矛盾点要进行磨合，合理地避免问题的发生。对于共性，"三生教育"理念传播的是热爱生命、热爱生活、学会生存的理念，跆拳道运动教学的宗旨就是积极锻炼身体，强健体魄，拥有更好的资本享受生命。所以二者都体现了尊重生命的观点，让学生更好地享受生命的旅程。至于冲突，"三生教育"理念是直接地表现对生命的尊重，而跆拳道运动教学则是一个间接的过程，但是在这个过程又特别容易威胁到生命安全。所以二者的冲突就是要如何规避风险，使学生在安全的环境下提高身体素质。举一个简单例子，要想有效地规避风险，就要在教学中适当地根据需要降低竞技性，或者把人体对抗换成与较柔软设备的对抗，用这样的方式，能够最大限度地保障学生安全。

2. 实现师生角色的认知

笔者经过大量的研究发现，如果希望获得良好的教学效果，将"三生教育"理念融入跆拳道运动教学中来，就要把学生当成一个全面的、具有完全人格的灵魂来对待，而不是一个被动接受的"机器人"。教师和学生双方都应该实现对自我角色的认知，教师绝对不是站在道德高地，牵着学生鼻子走的主导者，学生也不是完全由教师支配的学习机器。教师与学生应该是平等的，是处于同一层次的，教师对学生的学习进行引导与帮助，学生则拥有学习的主动权，掌握着学习的进程。所以要想做好这一点，最重要的就是打破以往教学的格局，不让师生关系成为限制教学的阻碍。

3. 激发学生的学习兴趣

在课堂上，并不是所有学生都对跆拳道运动感兴趣。学生对跆拳道学习兴趣低迷的主要原因是觉得跆拳道看起来就像打架，害怕自己受到伤害，于是并不想学习跆拳道。所以归根结底就是学生把跆拳道的负面影响过于放大，从而产生害怕学习跆拳道的消极情绪，而消除这种情绪的有效方法就是在教学中，合理地融入"三生教育"理念，使学生不再认为跆拳道运动是一个打架的活动，认识到学习跆拳道的意义，从而激发学生学习跆拳道的兴趣。在教学中，教师可以多介绍一些跆拳道的发展历史，历史中有趣的小故事总能吸引学生的注意力，从而产生兴趣；也可以进行一些简单易学的动作的教授，让学生先学习一些基础知识，一点点萌生学习跆拳道的兴趣。久而久之，学习跆拳道的学生就多了，跆拳道运动教学自然也就能得到更好的发展。

4. 针对学生的个性进行教学

模式化的教学会对学生的学习兴趣产生比较大的消极影响，同时模式化的教学忽视了学生的个性存在的差异，会使学生的学习出现比较大的问题。在这种情况下，教师就必须要进行个性化的教学，这样才能够真正地发挥"三生教育"理念的价值。在教学时，教师要针对男生和女生、能力不同的学生、认知不同的学生等进行不同的教学，只有结合学生特点制定最有效的教学模式才能够有效地保证学生在学习的过程中有所收获。同时教师在教学的过程中必须要针对实际教学情况灵活地调整教学策略，让学生的个性在学习过程中得到理想的发展，如此才能够真正贯彻"三生教育"理念，真正发挥"三生教育"理念的价值。

（二）转变传统的体育项目评价考核体系

在传统的体育项目评价考核体系中，体育教学的考核往往是检测学生的身体素质和体育项目的技巧、技能。而"三生教育"转变了传统体育项目的考核评价体系，它以生活中常见的内容为素材，并结合国家健康锻炼标准，综合评价学生的身体素质、生存能力、生活能力、意志品质、心理素质和生活态度等。要融合"三生教育"与跆拳道运动教学，首先应当转变传统的体育项目评价考核体系，要用新的评价考核体系为"三生教育"和跆拳道运动教学的融合做出正确的引导。

参考文献

［1］杨龙. 跆拳道快速入门与实战技术［M］. 成都：成都时代出版社，2014.

［2］刘卫军. 跆拳道［M］. 北京：高等教育出版社，2006.

［3］尚迎秋. 跆拳道技巧［M］. 北京：中国社会出版社，2008.

［4］赵光圣，刘宏伟. 跆拳道运动教程［M］. 北京：高等教育出版社，2015.

［5］钟宏，窦正毅. 现代跆拳道品势教程［M］. 北京：现代教育出版社，2019.

［6］饶英. 跆拳道理论与实践研究［M］. 北京：人民日报出版社，2017.

［7］刘立清，杨树叶. 大学生跆拳道［M］. 大连：大连理工大学出版社，2016.

［8］高谊，张惠欣. 普通高校跆拳道课程教材［M］. 天津：南开大学出版社，2011.

［9］潘瑞成. 跆拳道运动文化与技能教学研究［M］. 北京：中国书籍出版社，2018.

［10］颜红伟. 跆拳道运动文化与技能教学研究［M］. 北京：北京体育大学出版社，2018.

［11］刘卫华. 我国大众跆拳道发展的社会学研究［M］. 长春：东北师范大学出版社，2018.